智能网联汽车测试与装调

主　编　刘存香　梁小流　陈小长
副主编　何科宇　邓永权　贺礼强
主　审　刘学军

北京理工大学出版社
BEIJING INSTITUTE OF TECHNOLOGY PRESS

内 容 简 介

"智能网联汽车测试与装调"是智能网联汽车技术专业教学体系中的一门专业必修课程。本书系统介绍了智能网联汽车的概念、线控底盘系统、定位与导向系统、环境感知系统和汽车辅助驾驶系统的测试与装调方法,内容选取注重理论与实践相结合,按照基于工作过程导向的教学模式组织教材项目与任务,重点突出学生实践技能的培养,内容全面,实用性强。

全书共 5 个项目,内容包括智能网联汽车技术认知、智能网联汽车线控底盘系统测试与装调、定位导航系统测试与装调、环境感知系统测试与装调、先进驾驶辅助系统。各项目以技能实践导入理论知识,利用理论知识指导技能实践,然后用知识考核检验学习效果,最后以评价与总结为主线进行学习,通过理实一体、考评结合的方式,可以使读者较快地掌握理论知识和实操技能。

本书可作为高等院校、高职院校汽车及相关专业教学用书,也可作为其他汽车技术学校、智能网联汽车测试与装调工程师的参考用书。

版权专有　侵权必究

图书在版编目(CIP)数据

智能网联汽车测试与装调 / 刘存香,梁小流,陈小长主编. ——北京:北京理工大学出版社,2022.12

ISBN 978 – 7 – 5763 – 1978 – 1

Ⅰ. ①智… Ⅱ. ①刘… ②梁… ③陈… Ⅲ. ①汽车 – 智能通信网 – 测试 – 高等学校 – 教材　②汽车 – 智能通信网 – 安装 – 高等学校 – 教材　③汽车 – 智能通信网 – 调试方法 – 高等学校 – 教材　Ⅳ. ①U463.67

中国版本图书馆 CIP 数据核字(2022)第 258688 号

责任编辑: 多海鹏		**文案编辑:** 多海鹏	
责任校对: 周瑞红		**责任印制:** 李志强	

出版发行 / 北京理工大学出版社有限责任公司
社　　址 / 北京市丰台区四合庄路 6 号
邮　　编 / 100070
电　　话 / (010) 68914026 (教材售后服务热线)
　　　　　　(010) 68944437 (课件资源服务热线)
网　　址 / http://www.bitpress.com.cn
版 印 次 / 2022 年 12 月第 1 版第 1 次印刷
印　　刷 / 涿州市新华印刷有限公司
开　　本 / 787 mm × 1092 mm　1/16
印　　张 / 15
字　　数 / 332 千字
定　　价 / 75.00 元

图书出现印装质量问题,请拨打售后服务热线,负责调换

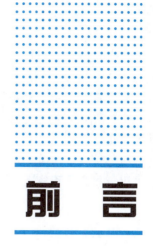

前言

　　本书是根据教育部高职高专示范教材建设要求，围绕培养高素质技能型人才的目标，以能力为本位，以工作过程为导向而编写的。本书以"汽车电工电子基础""新能源汽车技术"等多门专业课程为基础，兼顾理论知识和实践技能，从企业对工作岗位的实际能力需求出发设计课程内容，使学生在掌握必要理论知识的基础上，注重实践能力、知识应用能力和职业素养的培养。

　　本书的编审团队主要由既有丰富的汽车检测与装调实践经验，又有多年职教经验的教师组成，为适应汽车产业向电动化、智能化和网联化方向发展，满足智能网联汽车及组成部件或系统的测试与装调，以及满足智能网联汽车维修人员在汽车售后服务及维修工作中涉及的测试与装调知识和技能的需要，特编写了本教材，以便使智能网联汽车技术专业学生和技术人员能更加全面、系统地掌握有关智能网联汽车测试与装调的相关技术。

　　本书根据智能网联汽车测试与装调的知识组成分为5个项目，内容包括智能网联汽车技术认知、智能网联汽车线控底盘系统测试与装调、定位导航系统测试与装调、环境感知系统测试与装调、先进驾驶辅助系统。首先是了解智能网联汽车技术的发展，熟悉智能网联汽车常用操作系统和应用平台；其次是认知线控底盘控制原理及电源系统，安装线控底盘驱动系统、制动系统、转向系统，以及测试线控底盘系统；再次是安装与调试组合导航系统；然后是认知主流环境传感器的结构与功能，以及对这些传感器进行安装与调试；最后是认知自适应巡航控制系统、车道保持系统、自动泊车系统和驾驶员疲劳预警系统。每个教学任务都包括技能实践、知识学习、知识考核与评价总结4个部分，让学生在学中做、做中学，有效地调动学生的学习兴趣和学习积极性；同时，该书解决了当下智能汽车职业教育最紧迫的任务——加速完善智能汽车一线人才培养机制，推动我国智能网联汽车产业发展。

　　本书由广西水利电力职业技术学院刘存香、梁小流、陈小长担任主编，广西水利电力职业技术学院何科宇、广西水利电力职业技术学院邓永权、成都盘泙科技有限公司的贺礼强担任副主编。广西水利电力职业技术学院刘存香、梁小流编写项目一，广西水利电力职业技

学院陈小长、黄章城编写项目二，广西水利电力职业技术学院何科宇、成都盘沣科技有限公司贺礼强编写项目三，广西水利电力职业技术学院邓永权、李吉生编写项目四，广西水利电力职业技术学院牟林、杨丽华编写项目五。本书由广西交通职业技术学院刘学军担任主审，并且得到了成都盘沣科技有限公司、广西交通职业技术学院等单位的热心帮助和技术支持，在此一并表示衷心感谢！

  特色教材的编写是一项探索性的工作，时间紧迫，不足之处在所难免，欢迎老师与学生对教材提出宝贵意见和建议，以便日后修订时补充更正。

编 者

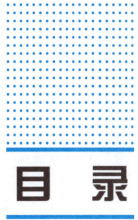

目 录

项目一　智能网联汽车技术认知　　1
　任务一　了解智能网联汽车技术的发展　　2
　任务二　熟悉智能网联操作系统　　23

项目二　智能网联汽车线控底盘系统测试与装调　　40
　任务一　认知线控底盘控制原理及电源系统　　41
　任务二　测试与装调线控底盘驱动系统　　51
　任务三　测试与装调线控底盘制动系统　　64
　任务四　测试与装调线控底盘转向系统　　75
　任务五　测试线控底盘系统　　86

项目三　定位导航系统测试与装调　　94
　任　务　安装与调试组合导航系统　　95

项目四　环境感知系统测试与装调　　113
　任务一　安装与调试视觉传感器　　114
　任务二　安装与调试激光雷达传感器　　135
　任务三　安装与调试超声波雷达传感器　　158
　任务四　安装与调试超声波雷达传感器　　183

项目五　先进驾驶辅助系统　　199
　任务一　自适应巡航控制系统　　200
　任务二　检测车道保持辅助系统　　209
　任务三　自动泊车辅助系统　　220
　任务四　驾驶员疲劳预警系统　　227

项目一

智能网联汽车技术认知

【项目描述】

　　智能网联汽车（Intelligent & Connected Vehicle，ICV），是指车联网与智能车的有机联合，是搭载先进的车载传感器、控制器、执行器等装置，并融合现代通信与网络技术，实现车与人、路、后台等智能信息交换共享，实现安全、舒适、节能、高效行驶，并最终可替代人来操作的新一代汽车。它是一种无人驾驶融合车联网技术的新型汽车，涉及环境感知技术、智能决策技术、控制执行技术、V2X通信技术、云平台与大数据技术和信息安全技术等。要掌握智能网联汽车技术，需要从单车智能技术开始，了解其技术的发展与方向，掌握车辆的装调与测试。本项目主要学习智能网联汽车的发展现状与发展趋势，熟悉车辆控制系统或平台的应用，主要包含以下2个工作任务：

　　任务一　了解智能网联汽车技术的发展

　　任务二　熟悉智能网联操作系统

　　通过完成以上2个工作任务的学习，能够全面了解智能网联汽车的定义与技术应用、相关技术的发展趋势，以及智能网联汽车实现车车网联、车路协同的常用控制系统，为后续的学习打下良好的基础。

任务一　了解智能网联汽车技术的发展

一、任务描述

小李是一名造车新势力品牌的店面销售实习生，随着汽车技术的电动化、智能化和网联化，很多先进的传感器技术应用到了汽车上，汽车也变得越来越智能，但作为普通消费者由于对这些新的技术不了解，故会提出很多相关的问题，甚至有的消费者会对新的智能技术提出质疑。作为销售人员的小李要向顾客介绍各种先进的智能技术，以及这些技术的应用会带来的方便、快捷、舒适和安全，这时的小李发现自己对智能网联汽车技术的了解还是很有限，迫切需要了解目前应用在智能网联汽车上面的各种新的技术，以及这些技术应用在车上的作用和好处。

二、任务目标

实施步骤	素质目标	知识目标	技能目标
1. 掌握智能网联汽车基础知识	注意团队协作及良好的沟通礼仪	了解智能网联汽车的定义与分级	1. 能说出智能网联汽车的发展与内涵； 2. 能根据车辆的智能化程度介绍车辆的智能级别
2. 掌握智能网联汽车技术体系		了解智能网联汽车的关键技术	能说出应用在智能网联汽车上的关键技术的作用

三、实施步骤

（一）智能网联汽车基础知识

技能实践

（1）智能网联汽车（英文为_____，英文缩写为_____）是_____与_____相结合的产物。

（2）分别根据自主式智能汽车和网联式智能汽车的定义，完成图1-1-1和图1-1-2所示框图的内容。

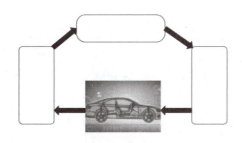

图 1-1-1　自主式智能汽车　　　　　图 1-1-2　网联式智能汽车

（3）根据 2017 年 12 月由工信部、国家标准委员会共同制定的《国家车联网产业标准体系建设指南（智能网联汽车）》，智能网联汽车是利用_____、_____、_____、_____等装置，并融合_____和_____，实现车与 X（车、路、人、云等）智能信息交换、共享，具备复杂_____、_____、_____或_____等功能，可实现"安全、高效、舒适、节能"行驶，并最终可实现替代人来操作的新一代汽车。

（4）根据智能网联汽车的定义，结合现实的智能网联汽车，完成图 1-1-3 中内容的填写。

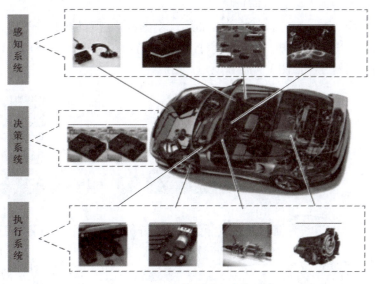

图 1-1-3　智能网联汽车的组成

（5）在汽车智能化方面，欧美发达国家走在前列。目前汽车行业普遍接受的是美国汽车工业学会（SAE）的分级定义：L0 级（_____）、L1 级（_____）、L2 级（_____）、L3 级（_____）、L4 级（_____）、L5 级（_____）。

（6）我国以美国汽车工业学会（SAE）对智能网联汽车的分级为基础，并结合现阶段中国道路交通情况的复杂性，也将智能网联汽车的智能化进行分级，分为_____、_____、_____、_____和_____五个等级。

知识学习

智能网联汽车的发展背景。

1）智能网联汽车的定义与内涵

智能网联汽车（Intelligent & Connected Vehicle，ICV）是车联网与智能驾驶汽车技术相结合的产物，如图1-1-4所示。车联网是依托信息通信技术，通过车内、车与车、车与路、车与人、车与服务平台的全方位连接和数据交换，提供综合信息服务，形成汽车、电子、信息通信、道路交通运输等行业深度融合的新型产业形态。智能驾驶是利用信息技术、计算机技术、控制技术实现汽车性能的全面提升。

智能网联汽车的发展

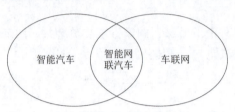

图1-1-4 智能网联汽车的定义范围

（1）智能汽车。

智能汽车的"智能"有以下两种模式。

①自主式智能汽车（Autonomous Vehicle），指依靠自车所搭载的各类传感器对车辆周围环境进行感知，依靠车载控制器进行决策和控制并交由底层执行，实现自动驾驶，如图1-1-5所示。

智能网联汽车概念认知

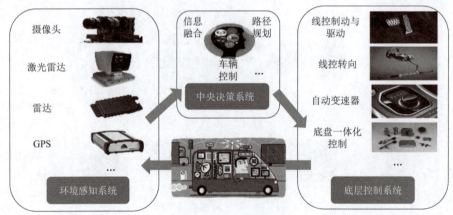

图1-1-5 智能汽车

②网联式智能汽车（Connected Vehicle），就是车辆通过包括V2V（Vehicle to Vehicle），实现车与车之间的信息通信，能够使车辆获知附近其他车辆的行驶状态，避免碰撞的发生；V2I（Vehicle to Infrastructure），实现车和道路交通基础设施之间的通信，例如交通信号灯状态、交通信息牌内容以及通过实时信息了解路况等相关信息，减少交通事故的发生；V2P（Vehicle to Pedestrian），实现车与行人或非机动车之间的信息传递，提供安全警告；V2N（Vehicle to Network），通过互联网将车辆连接到应用平台或云端，使用应用平台或云端上的服务功能，使汽车成为互联网的重要终端。这些通信技术简称为V2X通信技术，车辆根据V2X的方式获取外界的环境信息，并帮助车辆进行决策与控制，

如图1-1-6所示。

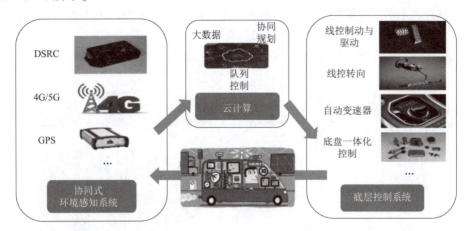

图1-1-6 网联式智能汽车

（2）车联网。

从图1-1-6中可以看出，网联式智能汽车利用到了网络，但这个网络仅限于单车智能，还无法实现车与车之间的数据通信，要实现车际互通，需要用到车联网。车联网是以车内网、车际网和车云网为基础，按照约定的通信协议和数据交换标准实现车与X（人、车、路、云等系统）之间进行无线通信和信息交换的大系统网络，是能够实现智能交通管理、智能动态信息服务和车辆智能化控制的一体化网络，如图1-1-7所示。

车联网架构

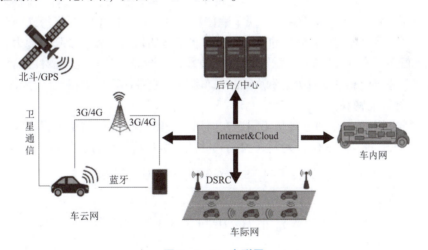

图1-1-7 车联网

（3）智能网联汽车。

由图1-1-4可以看出，智能网联汽车由智能和网联两部分组成。2017年12月由工信部、国家标准委共同制定的《国家车联网产业标准体系建设指南（智能网联汽车）》明确了智能网联汽车的定义：智能网联汽车是指搭载先进的车载传感器、控制器等装置，并融合现代通信与网络技术，实现车与X（车、路、人、云等）智能信息交换、共享，具备复杂环境感知、智能决策、协同控制等功能，可实现"安全、高效、舒适、节能"行驶，并最终可实现替代人来操作的新一代汽车。

所以从广义上讲，智能网联汽车是以车辆为主体和主要节点，融合现代通信和网络技术，使车辆与外部节点实现信息共享和协同控制，以达到车辆安全、有序、高效、节能行驶的新一代多车辆系统，是一种跨技术、跨产业领域的新兴汽车体系，如图1-1-8所示。

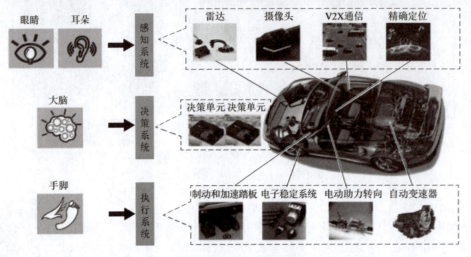

图1-1-8 智能网联汽车

2）智能网联汽车的分级

根据中国汽车工程学会于2016年10月发布的《节能与新能源汽车技术路线图》的解释，智能网联汽车可以分为网联化、智能化两个技术层面。在网联化层面，车辆采用新一代移动通信技术（LTE-V、5G等），实现车辆位置信息、车速信息和外部信息等车辆信息之间的交互，并由控制器进行计算，进一步增强车辆的智能化程度和自动驾驶能力。在智能化层面，汽车配备了多种传感器（摄像头、超声波雷达、激光雷达），实现对周围环境的自主感知，通过一系列传感器信息处理和决策，汽车按照一定控制算法实现预定的驾驶任务。

（1）国外智能网联汽车的分级。

国外对智能网联汽车的分级是美国走在前列，2018年，美国泊车工程师学会（Society of Automotive Engineers，SAE）对汽车自动驾驶的分级进行了修订，见表1-1-1。

表1-1-1 SAE对汽车自动驾驶的分级

分级	L0	L1	L2	L3	L4	L5
名称	无自动化	驾驶支持	部分自动化	有条件自动化	高度自动化	完全自动化
定义	由驾驶员全权驾驶汽车，在行驶过程中可以得到警告	通过驾驶环境对转向盘和加减速中的一项操作提供支持，其余由驾驶员操作	通过驾驶环境对转向盘和加减速中的多项操作提供支持，其余由驾驶员操作	由无人驾驶系统完成所有的驾驶操作，根据系统要求，驾驶员提供适当的应答	由无人驾驶系统完成所有的驾驶操作，根据系统要求，驾驶员不一定提供所有的应答；限定道路和环境条件	由无人驾驶系统完成所有的驾驶操作，可能的情况下，驾驶员接管；不限定道路和环境条件

续表

分级		L0	L1	L2	L3	L4	L5
主体	驾驶操作	驾驶员	驾驶员/系统	系统			
	周边监控	驾驶员				系统	
	支援	驾驶员				系统	
	系统作用域	无	部分				全域

L0 级：驾驶员完全掌控车辆。

L1 级：自动系统有时能够辅助驾驶员完成某些驾驶任务。

L2 级：自动系统能够完成某些驾驶任务，但驾驶员需要监控驾驶环境，完成剩余部分，同时保证出现问题时随时进行接管。在这个层级，自动系统的错误感知和判断由驾驶员随时纠正。L2 级可以通过速度和环境分割成不同的使用场景，如环路低速堵车、高速路上的快速行车和驾驶员在车内的自动泊车。

L3 级：自动系统既能完成某些驾驶任务，也能在某些情况下监控驾驶环境，但驾驶员必须准备好重新取得驾驶控制权（自动系统发出请求时）。所以在该层级下，驾驶员在车辆行驶过程中仍无法进行深度的休息或睡觉。

L4 级：自动系统在某些环境和特定条件下，能够完成驾驶任务并监控驾驶环境。此阶段，在自动驾驶可以运行的范围内，驾驶相关的所有任务与驾驶员已经没有关系了，感知外界责任全在自动驾驶系统。

L5 级：自动系统在所有条件下都能完成所有驾驶任务。

对应 SAE 分级标准，无人驾驶专指 L4 级和 L5 级，汽车能够在限定环境乃至全部环境下完成全部的驾驶任务。

自动驾驶则覆盖 L1 级到 L5 级整个阶段，在 L1 级、L2 级阶段，汽车的自动驾驶系统只作为驾驶员的辅助，但能够持续地承担汽车横向或纵向某一方面的自主控制，完成感知、认知、决策、控制、执行这一完整过程，其他如预警提示、短暂干预的驾驶技术不能完成这一完整的流程，不在自动驾驶技术范围之内。

智能驾驶则包括自动驾驶以及其他辅助驾驶技术，它们能够在某一环节为驾驶员提供辅助甚至能够替代驾驶员，优化驾车体验。

无人驾驶、自动驾驶和智能驾驶的关系如图 1-1-9 所示。

图 1-1-9 无人驾驶、自动驾驶和智能驾驶的关系

从商业化的视角来看，L2 或 L3 级的自动驾驶技术，将来只会被用于有限的场合，而直接面向 L4 级甚至 L5 级的自动驾驶，才是未来最大的商业机会。

L2 级别中的汽车，可以在某些场景下接管人们对车辆的控制，减轻驾驶疲劳，避免或降低事故的损失，但有一点是必须明确的，那就是驾驶员必须保持对驾驶的关注并手不离转向盘。目前，市场上的自动驾驶汽车基本都属于 L2 级。

在量产车型中，自动驾驶级别最高的是 L3 级，即奥迪 A8，如图 1-1-10 所示，它配备了 4 个鱼眼摄像头、12 个超声波雷达、4 个中程超声波雷达、1 个远程超声波雷达、1 个激光雷达、1 个前视摄像头。其中，4 个鱼眼摄像头用于 360°环视系统，12 个超声波雷达用于自动泊车系统，而车辆在行驶过程中的数据采集便由余下的传感器来完成。

图 1-1-10　奥迪 A8 自动驾驶汽车

L3 级的自动驾驶汽车允许驾驶员在车辆行驶过程中把手脱离转向盘。另外在量产车型中，目前还没有 L4 级和 L5 级的自动驾驶汽车，都还处于开发阶段。

（2）国内智能网联汽车的分级。

随着我国加快制定智能网联汽车相关标准、法规，引导行业规范化、健康、稳定发展，先后出台了《节能与新能源汽车技术路线图》《国家车联网产业标准体系建设指南（智能网联汽车）》《智能网联汽车自动驾驶功能测试规程（试行）》等指导文件。根据我国相关标准、指南文件的定义：在汽车智能化方面，我国将智能化分为五个层次，即 1 级驾驶辅助（DA）、2 级部分自动驾驶（PA）、3 级有条件自动驾驶（CA）、4 级高度自动驾驶（HA）和 5 级完全自动驾驶（FA），如表 1-1-2 所示。

表 1-1-2　智能网联汽车智能化等级

智能化等级	等级名称	等级定义	控制	监视	失效应对	典型工况
人监控驾驶环境						
1（DA）	驾驶辅助	系统根据环境信息执行转向和加减速中的一项操作，其他驾驶操作都由人完成	人与系统	人	人	车道内正常行驶、高速公路无车道干涉路段、泊车等工况

续表

智能化等级	等级名称	等级定义	控制	监视	失效应对	典型工况
2（PA）	部分自动驾驶	系统根据环境信息执行转向和加减速操作，其他驾驶操作都由人完成	人与系统	人	人	高速公路及市区无车道干涉路段、换道、环岛绕行、拥堵跟车等工况
自动驾驶系统（"系统"）监控驾驶环境						
3（CA）	有条件自动驾驶	系统完成所有驾驶操作，根据系统请求，驾驶员需要提供适当的干预	系统	系统	人	高速公路正常行驶工况及市区无车道干涉路段
4（HA）	高度自动驾驶	系统完成所有驾驶操作，特定环境下系统会向驾驶员提出响应请求，驾驶员可以对系统请求不进行响应	系统	系统	系统	高速公路全部工况及市区有车道干涉路段
5（FA）	完全自动驾驶	系统可以完成驾驶员能够完成的所有道路环境下的操作，不需要驾驶员介入	系统	系统	系统	所有行驶工况

1 级驾驶辅助包括自适应巡航控制、车道偏离预警、车道保持、盲区监测、自动制动、辅助泊车等。

2 级部分自动驾驶包括车道内自动驾驶、换道辅助和全自动泊车等。

3 级有条件自动驾驶包括高速公路自动驾驶、城郊公路自动驾驶、协同式队列行驶、交叉口通行辅助等。

4 级高度自动驾驶有堵车辅助系统、高速公路自动驾驶系统和泊车引导系统等。目前，高度自动驾驶的技术尚未应用在量产车型上，在未来几年时间，部分技术的量产车型将会实现。

5 级完全自动驾驶的实现将意味着自动驾驶汽车真正驶入了人们的生活，也将使驾驶员从根本上得到解放。驾驶员可以在车上从事其他活动，如上网、办公、娱乐和休息等。目前，完全自动驾驶汽车还要受到政策、法律等相关条件的制约，真正量产还任重而道远。

可以看出，我国的 1~5 级和美国的 L1~L5 级基本是对应的，但也有一些差异，主要体现在 2 级。我国的第 2 级部分自动驾驶的控制是驾驶员与系统；SAE 的 L2 级部分自动化的驾驶操作是系统，也就是说，SAE 的 L2 级比我国的 2 级要求高。

另外，我国在汽车网联化方面，按照网联通信内容的不同，将网联化分为网联辅助信息交互、网联协同感知、网联协同决策与控制三个等级，1 级是网联辅助信息交互，2 级是网联协同感知，3 级是网联协同决策与控制，如表 1 – 1 – 3 所示。

表 1-1-3 智能网联汽车网联化等级

网联化等级	等级名称	等级定义	控制	典型信息	传输需求
1	网联辅助信息交互	基于车-路、车-后台通信,实现导航等辅助信息的获取以及车辆行驶与驾驶员操作等数据的上传	人	地图、交通流量、交通标志、油耗、里程等信息	传输实时性、可靠性要求较低
2	网联协同感知	基于车-车、车-路、车-人、车-后台通信,实时获取车辆周边交通环境信息,与车载传感器的感知信息融合,作为自车决策与控制系统的输入	人与系统	周边车辆/行人/非机动车位置、信号灯相位、道路预警等信息	传输实时性、可靠性要求较高
3	网联协同决策与控制	基于车-车、车-路、车-人、车-后台通信,实时并可靠获取车辆周边交通环境信息及车辆决策信息,车-车、车-路等各交通参与者之间信息进行交互融合,形成车-车、车-路等各交通参与者之间的协同决策与控制	人与系统	车-车、车-路间的协同控制信息	传输实时性、可靠性要求最高

目前,汽车网联化尚处于起步阶段,属于 1 级。

智能化与网联化在智能网联汽车发展的过程中充当了必不可少的组成部分,不同阶段的智能化和网联化走向融合是智能网联汽车发展的必然路径。

智能网联乘用车的发展路径如图 1-1-11 所示。

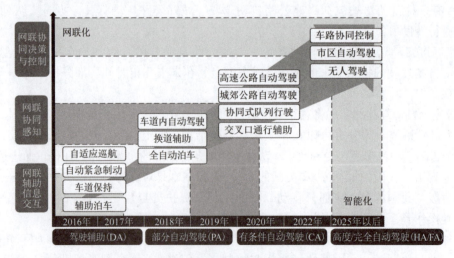

图 1-1-11 智能网联乘用车的发展路径

智能网联商用车的发展路径如图 1-1-12 所示。

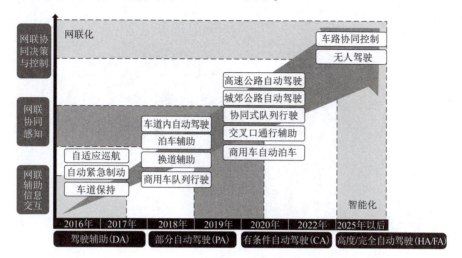

图 1-1-12 智能网联商用车的发展路径

智能网联汽车的发展大致可以分为自主式驾驶辅助、网联式驾驶辅助、人机共驾、高度自动/无人驾驶 4 个阶段。

① 自主式驾驶辅助。自主式驾驶辅助系统是指依靠车载传感器进行环境感知并对驾驶员进行驾驶操作辅助的系统，目前已经开始大规模产业化，如前向碰撞预警系统、车道偏离预警系统、盲区监测系统、车道保持辅助系统、自适应巡航控制系统和自动泊车辅助系统等。

② 网联式驾驶辅助。网联式驾驶辅助系统是指依靠信息通信技术对车辆周边环境进行感知，并可对周围车辆未来运动进行预测，进而对驾驶员进行驾驶操作辅助的系统。通过现代通信与网络技术，汽车、道路、行人等交通参与者将成为智能交通系统中的信息节点。网联式驾驶辅助已经进入大规模测试和产业化前期准备阶段，如车道内自动驾驶、换道辅助和全自动泊车等。

③ 人机共驾。人机共驾是指驾驶员和车辆智能系统同时共存，分享车辆控制权，人机一体化协同完成驾驶任务。人机共驾技术还处于研发和小规模测试阶段，如高速公路自动驾驶、城郊公路自动驾驶、协同式列队行驶、交叉口通行辅助等。

④ 高度自动/无人驾驶。处于高度自动/无人驾驶阶段的智能汽车，驾驶员不需要介入车辆操作，车辆将会自动完成所有工况下的自动驾驶。在高度自动驾驶阶段，车辆在遇到无法处理的驾驶工况时会提示驾驶员是否接管，如果驾驶员不接管，则车辆会采取如靠边停车等保守处理模式，保证安全。在无人驾驶阶段，车辆中可能已经没有驾驶员或乘客，无人驾驶系统需要处理所有驾驶工况，并保证安全。高度自动/无人驾驶也尚处于研发和小规模测试阶段。

（二）智能网联汽车技术体系

技能实践

（1）智能网联汽车关键技术主要包括_____、_____、_____以及_____、_____、_____共六项技术。

（2）查阅资料，完成图1-1-13中奥迪A8的传感器配置，实现L3级别的功能。

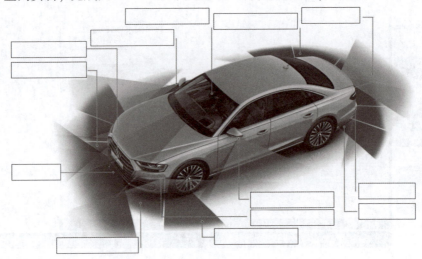

图1-1-13　奥迪A8的传感器配置

知识学习

1. 车辆/设施关键技术

1）环境感知技术

环境感知就是利用车载传感器技术、V2X通信技术等各种技术获取道路信息、车辆信息、障碍物信息等环境信息，并将获取的信息传输给智能决策中心，为智能决策提供依据。

智能汽车环境感知传感器的安装位置与作用

环境感知的方法就是智能网联汽车获取环境信息的方法，主要包含两个方面：

（1）基于基础网络通过车载传感器的环境感知：单一传感器（摄像头、传感器、雷达等）、多个传感器的融合，如图1-1-14所示。

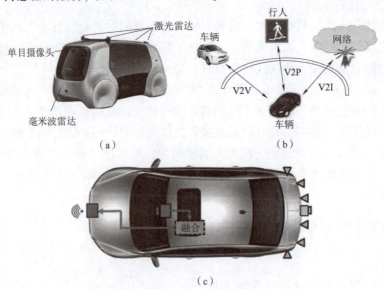

图1-1-14　环境感知技术的典型应用

(a) 基于单一传感器；(b) 基于自组织网络；(c) 基于传感器信息融合

（2）通过网联通信技术的环境感知：利用 V2V、V2P、V2I 等网联通信技术把汽车的前视系统、角视系统、车内视觉系统、侧视系统和后视系统等各感知系统的信息传输给控制中心，由控制中心在进行数据分析、计算后做出决策，如图 1-1-15 所示。

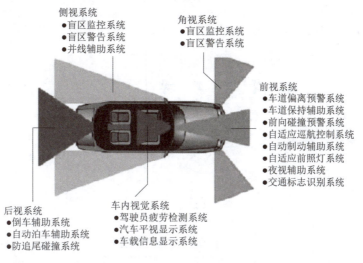

图 1-1-15　环境感知的方法

环境感知技术的本质是信息的收集、处理和传输，因此智能网联汽车的环境感知系统包含 3 个部分的内容：

①信息收集单元：传感器+网络通信设备。

②信息处理单元：将收集的信息通过各种算法进行加工，加工后的信息可以被智能决策系统直接作为决策依据的一系列信号，如通过摄像头拍摄的照片，识别当前交通信号灯状态，处理成智能决策系统可直接使用的信号。

③信息传输单元：将处理后的信息实时传输给智能决策系统的单元。

2）智能决策技术

智能网联汽车是集感知、决策和控制等功能于一体的自主交通工具，其中，智能决策是依据感知信息来进行决策判断，确定适当工作模型，制定相应控制策略，替代人类驾驶员做出驾驶决策，如图 1-1-16 所示。

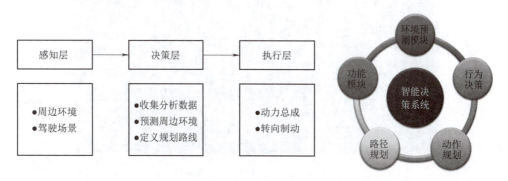

图 1-1-16　智能网联汽车智能决策系统

（1）环境预测模块。

环境预测模块作为决策规划控制模块的直接数据上游之一，其主要作用是对感知层所识别到的物体进行行为预测，并且将预测的结果转化为时间、空间维度的轨迹传递给后续模块，如图 1-1-17 所示。

通常感知层所输出的物体信息包括位置、速度和方向等物理属性。

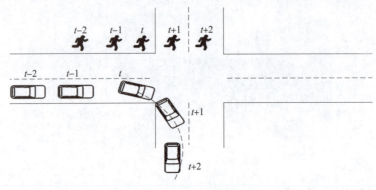

图 1-1-17　环境预测模块

（2）行为决策模块。

行为决策模块在整个自动驾驶决策规划控制软件系统中扮演着"副驾驶"的角色。这个层面汇集了所有重要的车辆周边信息，不仅包括了自动驾驶汽车本身的实时位置、速度、方向，还包括车辆周边一定距离以内所有的相关障碍物信息以及预测的轨迹。

行为决策层需要解决的问题，就是在知晓这些信息的基础上，决定自动驾驶汽车的行驶策略。

（3）动作规划模块。

自动驾驶汽车规划模块包括动作规划和路径规划两部分，如图 1-1-18 所示。

动作规划模块主要是对短期甚至是瞬时的动作进行规划，例如转弯、避障、超车等动作；而路径规划模块是对较长时间内车辆行驶路径的规划，例如从出发地到目的地之间的路线设计或选择。

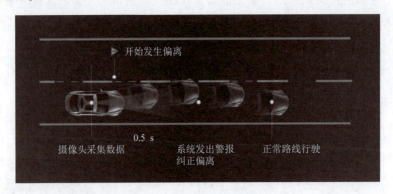

图 1-1-18　动作规划模块

（4）路径规划模块。

路径规划主要包含两个步骤：建立包含障碍区域与自由区域的环境地图，以及在环境地图中选择合适的路径搜索算法，快速实时地搜索可行驶路径，如图 1-1-19 所示。

路径规划结果对车辆行驶起着导航作用，它可引导车辆从当前位置行驶到达目标位置。

环境地图表示方法主要分为度量地图表示法和拓扑地图表示法等。

 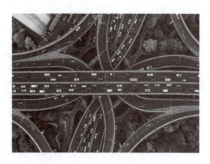

图 1-1-19　路径规划模块

决策层是自主驾驶系统智能性的直接体现，对车辆的行驶安全性和整车性能起着决定性作用，以谷歌和斯坦福等为代表的众多企业和高校做出了大量研究。

3）控制执行技术

控制执行是整个自动驾驶系统的最后一环，是将环境感知、行为决策、路径规划的结论付诸实践的执行者。控制执行系统将来自决策系统的路径规划落实到汽车机构的动作上。控制过程的目标就是使车辆的位置、姿态、速度和加速度等重要参数，符合最新决策结果。

智能网联汽车的控制执行是"人-车-路"组成的智能系统最终完成自动驾驶和协同驾驶的落地部分，主要包括车辆的纵向运动控制和横向运动控制。纵向运动控制，即车辆的制动和驱动控制；横向运动控制，即通过轮胎力的控制以及转向盘角度的调整，实现自动驾驶汽车的规划路径跟踪。这两种控制方式是单车自动驾驶所具备的，各类型分别如图 1-1-20 和图 1-1-21 所示。

图 1-1-20　纵向运动控制　　　　　图 1-1-21　横向运动控制

控制执行需要借助复杂的汽车动力学完成主控系统，主控系统由软件部分的智能车载操作系统与硬件部分的高性能车载集成计算平台联合组成。智能车载操作系统融合了内容服务商和运营服务商的数据，以及车内人机交互服务，能够为乘客提供周到的个性化服务。目前的主流操作系统包括 Windows、Linux、Android、QNX、YunOS（阿里云系统）等。

高性能车载集成计算平台融合高精度地图、传感器、V2X 的感知信息进行认知和最终的决策计算，目前主流硬件处理器包括 FPGA、ASI、CGPU 等型号。最终，决策的计算信息汇入车辆总线控制系统，完成执行动作。

2. 信息交互关键技术

1）V2X 通信技术

在环境感知方面，除了利用车辆自身的智能外，还可以借助外部环境实现信息的获取，这一类技术统称为 V2X 技术。V2X（Vehicle to Everything）技术又称为车用无线通信技术，本质上是一种物联网技术，V 代表的是车辆，X 代表的是道路、人、车、设备等一切可以连接的方面，如图 1-1-22 所示。

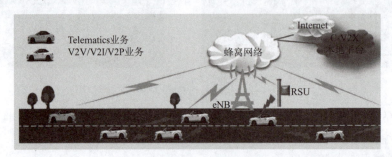

图 1-1-22　V2X 通信技术

V2X 的本质就是通过道路、行人、车辆间的协调实现整个道路运输的智能化。比如前面有车要并线了，前车可以发一个指令给基站，基站再通知后方的车辆；比如有人过马路了，可以提前通过手机发指令，要求即将同行的车辆注意避让。诸如此类的协同需要车辆生产商、通信设备厂商、运营服务商的通力配合，是一个庞大的产业链协调分工，需要国家有相关标准推动。

中国在 V2X 领域的投入很早，从 2017 年开始有相关文件发出到最近的 IMT-2020（5G）工作组推动的 V2X 白皮书可以看出来中国在相关领域的决心。另外中国也是少数在全领域可以构建完整产业链的国家，整个 V2X 的分工协作如图 1-1-23 所示。

图 1-1-23　V2X 的分工协作

2）云平台与大数据技术

云平台与大数据技术包括云平台架构与数据交互标准、云操作系统、数据高效存储和检索技术、大数据关联分析和深度挖掘技术等。云端是智能网联汽车的信息枢纽。智能网联以汽车、行人、交通设施等为信息节点，需要不同主体将所搜集信息上传云端，通过云计算进行处理并分发。车辆通过车与云平台通信将其位置信息及运动信息发送至云端，云端控制器结合道路信息以及交通信息对车辆速度和挡位等进行优化，以提高车辆燃油经济性并提高交通效率。

智能云和大数据技术是车联网之后的重要技术。智能云平台架构使车辆具备全面的网络交互功能，使智能车辆成为网络化的驾驶工具，并可结合大数据技术实现网络数据交互、数据检索存储、数据分析、数据挖掘等功能，对飞机的综合控制性进一步提升。借助大数据，车辆的高精度导航、辅助定位、智能路线决策、驾驶计划优化等将得到显著提升。

3）信息安全技术

如果按照"云-管-端"的架构来看，智能网联汽车属于终端节点。智能网联汽车作为网络中的一个节点，信息安全从传统的 IT 行业延伸到了汽车行业。

据统计，现代汽车上有 150 多个车载控制器，这些车载控制器组成复杂的汽车网络。如果黑客通过无线通信网络成功入侵汽车、开展攻击，可能造成车主信息泄露，甚至造成车辆被远程控制。信息安全保障不到位，对汽车安全有很大威胁。

2015 年，因黑客可以成功入侵并对车辆进行控制，克莱斯勒单次召回 140 万辆汽车。到现在，该事件仍然是因网络安全而单次最大量的召回事件。

2022 年，工信部在《车联网网络安全和数据安全标准体系建设指南》中明确了网络和数据安全体系架构，从国家层面推动汽车网络安全和数据安全的标准化。

在汽车软件愈发重要的今天，很多人提出软件定义汽车，传统汽车开发完成的节点被"IT 化"，汽车下线后做软件 OTA 升级逐渐被用户接受。但从企业开发的角度来说，并不能因社会意识、行业新做法的变化就放松对开发过程的把控。信息安全的设计需要实实在在地从威胁分析、信息安全目标定义、信息安全设计、功能与渗透测试流程上做足功课，最终保证产品安全。产品安全需做好全生命周期防护，但必须减少产品下线后打补丁式的"修修补补"。

3. 基础支撑关键技术

1）高精度地图与高精度定位

高精度地图，通俗来讲就是精度更高、数据维度更多的电子地图。精度更高体现在精确到厘米级别，数据维度更多体现在其包括了除道路信息之外的与交通相关的周围静态信息。

高精度地图作为实现自动驾驶的关键能力之一，其将成为对自动驾驶现传感器的有效补充，为车辆提供了更加可靠的感知能力。与传统的导航地图相比，服务于自动驾驶的高精度地图在各方面要求更高，并能配合传感器和算法，为决策层提供支持。

针对高精度地图，利用高精度地图匹配可将车辆位置精准地定位在车道上，从而提高车辆定位精度；对传感器无法探测的部分进行补充，检测实时状况与反馈外部信息，同时获取当前位置精准的交通状况；高精度地图在云计算的辅助下，能够有效地为自动驾驶汽车提供最新的路况，帮助自动驾驶重新制定最优路径。

高精度定位与高精度地图紧密联系，为自动驾驶汽车路线规划、道路感知、驾驶控制提供支持，首先，高精度地图数据的采集、处理以及地图的建模都需要以高精度的位置坐标作为框架。高精度地图中道路和场景是自动驾驶汽车感知和决策的数据基础，若在制图过程中位置标定出现误差，就有可能造成自动驾驶系统的判断失误。

其次，以高精度地图为基础，结合感知匹配实现高精度的自主导航定位，在定位信号中断或不稳定的情况下，保证自动驾驶汽车仍能明确知晓车辆在当前环境中的准确位置。而高精度地图与高精度定位相结合，车辆能够提供了解当前位置可能的道路特征情况，调高传感器的识别精度，降低对于传感器的性能要求。

要充分满足自动驾驶汽车对高精度定位的要求，需要寻求其他辅助手段来提高定位精度。常见的高精度定位有绝对位置高精度定位和相对位置高精度定位。

（1）RTK绝对位置高精度定位。

RTK——"地面上的卫星定位系统"，如图1-1-24所示。RTK技术指实时动态载波相位差分技术，通过地面基准站与流动站之间的观测误差，实现分米乃至厘米级的高精度定位。卫星定位的误差难以避免，而地面上某些固定点位的绝对位置坐标是可以相对精确给定的，例如特定的地理坐标点、卫星接收站等，以该点位为中心的20～40 km半径范围内，对流层、电离层等环境干扰对卫星信号的干扰方向和程度基本一致。

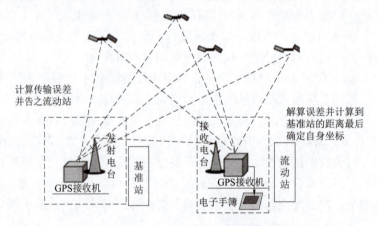

图1-1-24　RTK绝对位置高精度定位

（2）高精度定位相对定位。

绝对位置定位是以地球为参考系，相对位置定位是以当前驾驶场景为参考系，相对位置定位思路和人类驾驶过程更为类似：人类驾驶员在驾驶过程中，通过视觉观察周围场景中的物体，包括建筑、路缘、标志线等，经过对比判断车辆在当前场景中的位置，如图1-1-25所示。

类似的，自动驾驶汽车通过高清摄像头、激光雷达等感知设备获取周围场景内物体的图像或反射信号，将其与事先采集的高精度地图数据进行匹配，从而获得车辆当前位置的精确估计。

相对位置定位可以分为（激光雷达）点云匹配和视觉定位两大技术路线。点云匹配以激光雷达为核心，激光雷达向外发激光脉冲，从地面或者物体表面发射形成多个回波返回进行匹配,实现汽车当前场景的高精度定位。目前主流的匹配算法包括概率地图与 NDT(正太分布变换)算法两种,主要代表有 Google、HERE、TomTom。

图 1-1-25　高精度定位相对定位

2)标准法规

联合国世界车辆法规协调论坛(WP.29)第 181 次全体会议于 2020 年 6 月 24 日以网络会议形式顺利召开,160 余位各国代表出席会议,工业和信息化部装备工业一司陈春梅副调研员及中国汽车技术研究中心有限公司标准化研究所技术专家代表中国参会。会上,《1958 年协定书》管理委员会(AC.1)投票表决通过了信息安全(Cybersecurity)、软件升级(Software Updates)以及自动车道保持系统(Automated Lane Keeping Systems,ALKS)3 项智能网联汽车领域的重要法规。

(1)《信息安全与信息安全管理系统》法规。

本法规适用于与信息安全相关的 M 类、N 类、至少装有 1 个电控单元的 O 类以及具有 3 级以上自动驾驶功能的车辆。"信息安全"是指道路车辆及其功能受到保护,使其电子电气元件免受网络威胁;"信息安全管理系统(CSMS)"是一种基于风险的系统方法,定义了组织过程,职责和治理,以处理与对车辆的网络威胁相关的风险并保护其免受网络攻击。法规包括信息安全相关的一般要求、CSMS 合格证书、管理审批等内容,并提出了详细的信息安全威胁、漏洞、攻击方法,以及对应缓解措施,为汽车行业实施必要的流程提供了一个框架,如图 1-1-26 所示。

(2)《软件升级与软件升级管理系统》法规。

本法规适用于允许软件升级(更新)的 M 类、N 类、O 类、R 类、S 类、T 类车辆。"软件升级"是指用软件包将软件升级或更新到新的版本(包括更改配置参数);"软件升级管理系统(SUMS)"是一种通过定义组织过程和程序,以符合本法规软件升级要求的系统方法。法规主要包括有关软件升级过程的车辆类型批准申请、标识、SUMS 合格证书、RX 软件标识号(RXSWIN)、一般要求等内容,为汽车行业实施必要的流程提供了一个框架,如图 1-1-27 所示。

图 1-1-26　信息安全与信息安全管理系统　　图 1-1-27　软件升级与软件升级管理系统

(3) 自动车道保持系统。

联合国《自动车道保持系统（ALKS）》法规是针对"3级"驾驶自动化功能的第一个具有约束力的国际法规。该法规规定 ALKS 在具备物理隔离且无行人及两轮车的道路上行驶，且运行速度不应高于 60 km/h。该项法规将于 2021 年 1 月起实施。

该法规以联合国《自动驾驶框架文件》为指导，从系统安全、故障安全响应、人机界面、DSSAD、信息安全及软件升级等方面对 ALKS 提出严格要求。其中"系统安全"要求系统在激活后可以执行全部动态驾驶任务；"故障安全响应"要求系统具备驾驶权转换、碰撞应急策略和最小风险策略；"人机界面"规定系统的激活和退出条件，并明确系统应提示的信息及形式；"DSSAD"要求应记录系统的驾驶状态；"信息安全和软件升级"要求系统应满足"信息安全法规"和"软件升级法规"。

3) 测试评价

如何衡量自动驾驶车辆的能力，回答这个问题需要构建自动驾驶测试与评价体系，通过指标化的评价项目来全面、系统地评价自动驾驶能力，指导自动驾驶车商用量产工作，如图 1-1-28 所示。

(1) 测试场景库。

自动驾驶的实验室环境测试、车辆在环测试以及实际道路测试都是以场景库为基础，通过对选取特定场景进行测试，获得具体场景的对应测试数据，从而进行分析。因此自动驾驶测试场景是自动驾驶的基础，能为自动驾驶能力提供有效验证，为自动驾驶车辆上路提供主要的依据。在自动驾驶快速发展的情况下，确立自动驾驶场景库的标准十分迫切。

场景库应包含各种类型、各种维度，涵盖主要典型场景和各种极端场景，如不同道路类型等级、交通标志和标线识别、天气状况、障碍物识别与应对、人机交互、最小风险状态等。

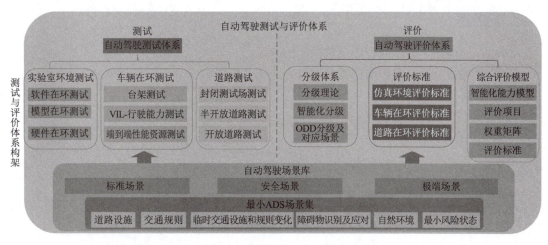

图 1-1-28　智能网联汽车评价体系

(2) 自动驾驶测试体系。

百度自动驾驶测试体系可以分为"实验室环境测试""车辆在环测试 VIL""道路在环测试 RIL"三大部分，如图 1-1-29 所示。

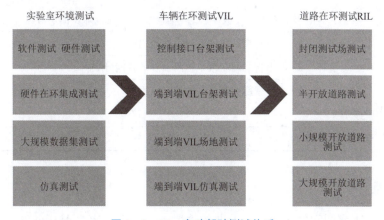

图 1-1-29　自动驾驶测试体系

四、知识考核

(一) 填空题

(1) 智能网联汽车（英文缩写：_____），是利用_____、_____、_____、_____等，实现_____、_____、_____或_____、_____、_____等功能的汽车的总称。

(2) 车联网是以_____、_____、_____为基础，按照约定的体系架构及其通信协议和数据交互标准，实现 V2X (V 代汽车，X 代表车、路、行人及应用平台等) 无线通信和信息交换，以_____、_____、_____控制的一体化网络，是物联网技术在智能交通系统领域的延伸。

（二）问答题

（1）简述国内、国外对智能网联汽车的分级，并分析有何异同。
（2）简述智能网联汽车的关键技术有哪些及其作用。
（3）简要描述智能网联汽车的发展趋势。

五、评价及总结

（一）自我评价

结合自己的学习过程及学习效果，对自己的学习主动性和效果进行自评，评价等级为优、良、合格和不合格，针对出现的失误进行反思，完善改进方向及改进措施。

评价维度		评价标准	评级
学习主动性	课前	课前预习，完成老师布置的课前任务	
	课中	积极思考，参与课堂互动，辅助老师完成教学演示或模拟练习	
	课后	及时总结，完成课后练习任务，及时向老师反馈学习建议	
学习效果		1. 了解智能网联汽车的发展与内涵	
		2. 说出智能网联汽车国内、外的智能分级	
		3. 说出智能网联汽车的关键技术	
任务实施出现的失误			
改进的方向及措施			

（二）学生互评

通过提问，观察同学的演示以及上课的情况，对同学本次学习任务的效果开展评价，评价等级为优、良、合格和不合格，指出任务实施过程中出现的失误，给出改进建议。

小组成员姓名：_____

评价维度	评价标准	评级
学习效果	1. 了解智能网联汽车的发展与内涵	
	2. 说出智能网联汽车国、内外的智能分级	
	3. 说出智能网联汽车的关键技术	
任务实施出现的失误		
建议		

任务二　熟悉智能网联操作系统

一、任务描述

小李是一家智能网联汽车综合维修店的新入职员工，每天要接待各种不同的智能网联汽车车型进店进行系统的维护，在技师确定维护方案后，作为接待人员需要确认方案，在此过程中，客户经常会提出质疑，小李也经常要向客户解释车辆维护步骤，因此，迫切需要了解 Ubuntu 系统及 Apollo 系统的相关知识。

二、任务目标

实施步骤	素质目标	知识目标	技能目标
1. 智能网联汽车的操作系统——Ubuntu 系统	1. 培养自主学习的能力； 2. 培养爱岗敬业的职业道德	熟悉智能网联汽车的操作系统——Ubuntu 系统	掌握智能网联汽车的操作系统——Ubuntu 系统的操作步骤
2. 智能网联汽车的应用平台——Apollo 系统		熟悉智能网联汽车的应用平台——Apollo 系统	掌握智能网联汽车的应用平台——Apollo 系统操作步骤

三、实施步骤

（一）Ubuntu 系统

技能实践

1. 在图 1-2-1 下方横线上记录 Ubuntu 系统界面图上（1）~（3）的名称。
2. 在图 1-2-2 下方横线上写下创新文件、文件夹、删除文件及文件夹的代码。

(1) _____　　(2) _____　　(3) _____

图 1-2-1　Ubuntu 系统界面图

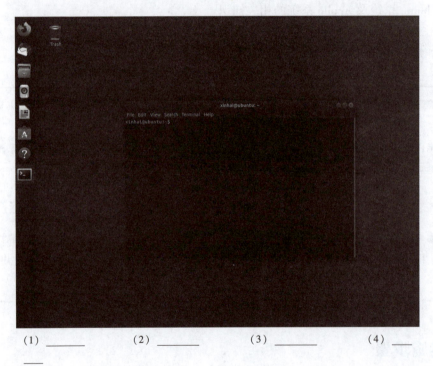

(1) _____　　(2) _____　　(3) _____　　(4) _____

图 1-2-2　终端界面图

知识学习

智能网联汽车的操作系统——Ubuntu 系统。

1）智能网联汽车操作系统——Ubuntu 系统的简介

Linux 操作系统是 UNIX 操作系统的一种克隆系统，它诞生于 1993 年 10 月 5 日，而后经过 MINIX 操作系统、GNU 计划、POSIX 标准和 Internet 网络的发展才逐渐成为现在著名的系统。Ubuntu 是一个以桌面应用为主的 Linux 操作系统，其中，Ubuntu Linux 是由南非人马克·沙特尔沃思

UBUNTU 系统
基本操作

（Mark Shuttleworth）创办的基于 Debian Linux 的操作系统，于2004 年10 月公布 Ubuntu 的第一个版本（Ubuntu 4.10 "Warty Warthog"）。Ubuntu 适用于笔记本电脑、桌面电脑和服务器，特别是为桌面用户提供尽善尽美的使用体验。Ubuntu 几乎包含了所有常用的应用软件——文字处理、电子邮件、软件开发工具和 Web 服务等。

Ubuntu 试图令个人使用、组织和企业内部开发使用免费，为全球数百个公司提供商业支持，鼓励用户使用自由和开源软件，并将改善和传播它的精神延伸到计算机世界，即软件应当被分享，并能够为任何需要的人所获得，但这种使用没有售后服务。

Ubuntu 在桌面办公、服务器方面主要体现在：桌面系统使用最新的 Gnome、KDE、Xfce 等桌面环境组件；集成搜索工具 Tracker，为用户提供方便、智能的桌面资源搜索；抛弃烦琐的 X 桌面配置流程，可以轻松使用图形化界面完成复杂的配置；集成最新的 Compiz 稳定版本，让用户体验酷炫的 3D 桌面；"语言选择"程序提供了常用语言支持的安装功能，让用户可以在系统安装后，方便地安装多语言支持软件包；提供了全套的多媒体应用软件工具，包括处理音频、视频、图形、图像的工具；集成了 Libreoffice 办公套件，帮助用户完成文字处理、电子表格、幻灯片播放等日常办公任务；含有辅助功能，为残障人士提供辅助性服务，例如，为存在弱视视力的用户提供屏显键盘，能够支持 Windows NTFS 分区的读/写操作，使 Windows 资源完全共享成为可能；支持蓝牙（Bluetooth）输入设备，如蓝牙鼠标、蓝牙键盘；拥有成熟的网络应用工具，从网络配置工具到 Firefox 网页浏览器、Gaim 即时聊天工具、电子邮件工具、BT 下载工具等；加入更多的打印机驱动，包括对 HP 一体机（打印机、扫描仪集成）的支持；进一步加强系统对笔记本电脑的支持，包括系统热键以及更多型号笔记本电脑的休眠与唤醒功能；与著名的开源软件项目 LTSP 合作，内置了 Linux 终端服务器功能，大大提高了老式 PC 机的利用率；Ubuntu 20.04 LTS 提供对配备指纹识别功能笔记本的支持。

2）智能网联汽车的操作系统——Ubuntu 系统的基本操作

Ubuntu 系统的操作跟 Windows 系统有一定的类似，但也有一定的区别。操作 Ubuntu 系统并不容易，需要学习很多命令，而在 Windows 系统中，处理和学习部分比较容易，因此有必要学习 Ubuntu 系统的基本操作。

（1）Terminal 图标及输入指令的认识。

Ubuntu 的基本操作通常是在终端（Terminal）上进行指令形式的操作，即在系统页上找到红色方框，单击打开黑色图标（见图 1－2－3），就会出现对应的黑色方框，并可以输入指令。值得注意的是指令需要在英文状态下输入。

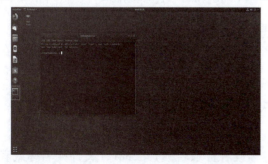 

图 1－2－3　Ubuntu 下的终端界面图

(2) Terminal 下显示的内容与图标下显示内容的认识。

在终端上输入"ls"指令可以查阅 Home（主页）的内容，图 1-2-4 中左侧显示的是图标及名称，右侧是终端显示的名称，如左侧的 Desktop 图标  和 Downloads 图标  对应右侧显示的名称为 Desktop 及 Downloads 等。

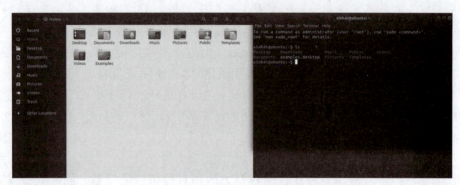

图 1-2-4　终端显示名称与 home 显示名称的对比图

(3) Terminal 下"cd+名称""pwd"指令功能的认识。

使用 Terminal 下的"cd+文件夹名称"就能进入该文件夹，如：在 Terminal 下输入"cd Public"，就能进入 Public 文件夹。若要显示当前文件夹，就需要在 Terminal 下输入"pwd"，下面显示的/home/xinhai/Public 是指在其计算机主页下计算机名称为 xinhai 的文件夹 Public 中，如图 1-2-5 所示。

图 1-2-5　Terminal 下"cd+名称"及"pwd"指令的功能

(4) Terminal 下创建、删除文件夹及创建记事本指令的认识。

在 Terminal 下使用"mkdir+a（文件夹名称）"，就能在当前位置下创建 a 文件夹；在 Terminal 输入"rm+a（文件夹名称）"或者"rm-rf+a（文件夹名称）"，就能删除 a 文件夹；在 Terminal 输入"touch+test（记事本名称）"，就能在当前位置下创建 test 记事本。如图 1-2-6 所示。

(5) Terminal 下移动、复制指令的认识。

在 Terminal 下使用"mv exam（文件夹名称或者目录名称）exam1（文件夹名称或者目录名称）"，即将 exam 移动为 exam1；在 Terminal 下使用"cp-rf exam（文件夹名称或者目录名称）exam1（文件夹名称或者目录名称）"，即将 exam 复制到 exam1 下。如图 1-2-7 所示。

图 1-2-6　创建、删除文件夹及创建记事本指令图

图 1-2-7　移动、复制指令图

3）智能网联汽车的操作系统——Ubuntu 系统的安装

智能网联汽车的操作系统需要安装在开源系统——Ubuntu 上，下面是 Ubuntu 系统的安装步骤。

（1）首先使用 Rufus 免费制作系统启动盘。打开软件，并插入 U 盘，当软件识别到 U 盘，单击开始，并显示完成时，表明已经完成启动盘的制作，接着把 Ubuntu 安装包放进 U 盘。如图 1-2-8 所示。

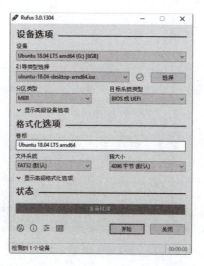

图 1-2-8　Rufus 制作启动盘界面图

（2）插入启动盘，打开需要安装 Ubuntu 系统的计算机电源并迅速按下键盘上的"F12"直到进入 BIOS 设置界面（不同的电脑进入 BIOS 的按键不同，一般为"F12"或者"Delete"键），通过方向键选择"Boot Menu"，如图 1-2-9 所示，然后按"回车"键。

图 1-2-9　进入 BIOS 图

（3）进入 Boot Manager 后，选择"EFI USB"作为启动项，如图 1-2-10 所示，"回车"。

图 1-2-10　Boot Manager 图

（4）在 Install Ubuntu 界面（见图 1-2-11），"回车"，进行系统安装。

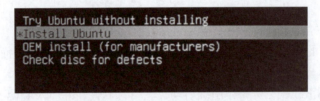

图 1-2-11　Install Ubuntu 图

（5）Ubuntu 系统的安装流程。
①选择语言。
中文简体在倒数第三个，如图 1-2-12 所示。

图 1-2-12　语言选择图

②键盘布局，如图1-2-13所示。

图1-2-13　键盘布局选择图

③无线联网，如图1-2-14所示。
注：联不联随意，不影响最终安装。

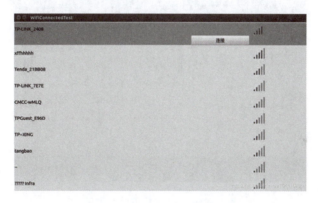

图1-2-14　选择无线联网图

④更新选项。

一般我们仅用Ubuntu来编程或者部署项目，娱乐一般用Windows，所以选择"最小安装"最下面的两个选项会拖慢安装的速度，这些工作可以放到安装完成后集中处理，所以也不勾选，如图1-2-15所示。

⑤选择安装类型。

第一和第二个选项安装时更省事，安装程序会自动分区；第三个选项需要自己手动分区，安装时会麻烦一点，但是因为是手动分区，且对系统的分区情况也更加熟悉，故方便系统后期的管理。我们选择第三个选项"其他"选项，然后单击"继续"，如图1-2-16所示。

⑥硬盘分区。

接下来需要手动分区，前面在磁盘1给Ubuntu18.04.1预留了256 GB的磁盘空间，下面对这256 GB的空间进行分区，详情如图1-2-17所示，最后还剩下45 GB的空间，以备不时之需，如图1-2-17所示。

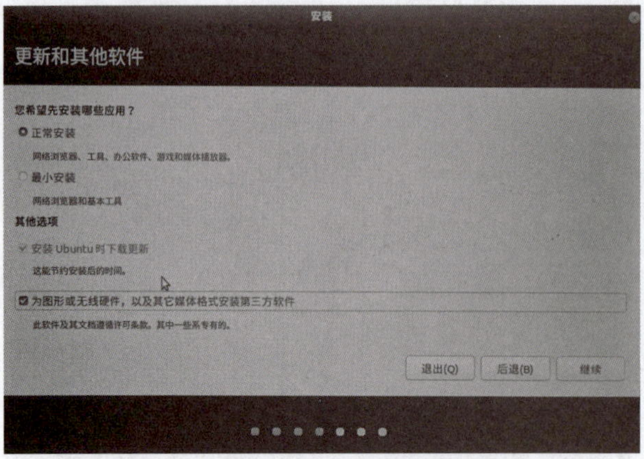

图1-2-15　更新选项选择图

图1-2-16　选择安装类型图

/	主分区	Ext4	30720 MB (30 GB)
/boot	主分区	Ext4	1024 MB（1 GB）
/home	逻辑分区	Ext4	51200 MB (50 GB)
/tmp	逻辑分区	Ext4	10240 MB (10 GB)
/usr	逻辑分区	Ext4	10240 MB (100 GB)
/var	逻辑分区	Ext4	10240 MB (10 GB)
	逻辑分区	交换空间	10240 MB (10 GB)
总空间：256 GB		已用：211 GB	剩余：45 GB

图1-2-17　硬盘分区图

⑦如图 1-2-18 所示，选中之前预留的空闲区，鼠标左键双击或者单击左下角的"+"按钮，依次按照上面的分区表手动分区（如果在给"/boot"分完区后空闲区变为不可用，则单击"-"按钮删除/boot 分区，然后先给其他挂载点进行分区，最后再给/"boot"分区）。对于交换空间 swap，根据电脑的内存情况来分：如果内存小，就分配 2~3 倍内存的空间；如果内存中等，就分配 1~2 倍内存的空间；如果内存大，就分配 1 倍内存的空间。

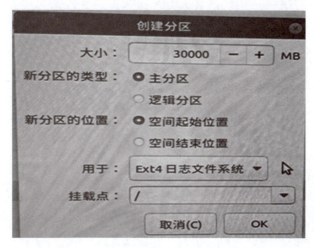

图 1-2-18　创建分区图

⑧按照上面的分区表分完区后，每个区的信息如图 1-2-19 所示。

此时还需要注意到最下面一栏安装启动引导器的设备，你在哪个磁盘上安装的 Ubuntu（在哪个磁盘上分区），就选择哪一个磁盘，然后单击右下角的"现在安装"按钮，在弹出来的对话框中单击"继续"按钮。

图 1-2-19　分区表信息图

⑨选择时区。

⑩创建用户名,如图1-2-20所示。

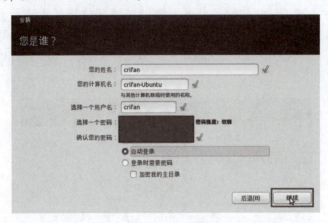

图1-2-20 创建用户名界面图

⑪安装系统软件。

用户名创建完成后,安装程序会安装一些必要的系统软件,整个过程持续20~30 min,完成后会弹出如图1-2-21所示的对话框。至此,Ubuntu18.04.1安装完成,此时拔出U盘,接着重启电脑即可。

图1-2-21 安装系统软件图

(二) Apollo系统

技能实践

(1)根据图1-2-22,写出"mode"(模式设置)下拉菜单中选择_____,"vehicle"(车辆)选择_____。

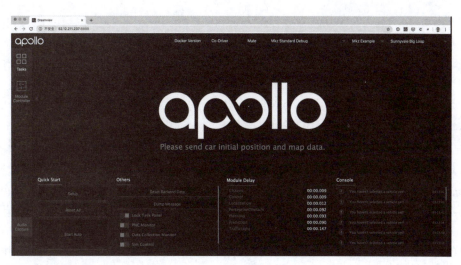

图 1-2-22　Apollo 界面图

（2）根据图 1-2-22，写出界面中的"Canbus"模块为＿＿＿＿；"Control"模块为＿＿＿＿；"GPS"模块为＿＿＿＿；"Localization"模块为＿＿＿＿；"RTK Recorder"模块为＿＿＿＿；"RTK Player"模块为＿＿＿＿。

（3）根据图 1-2-23，写出"mode"（模式设置）下拉菜单中选择＿＿＿＿，"vehicle"（车辆）选择＿＿＿＿。

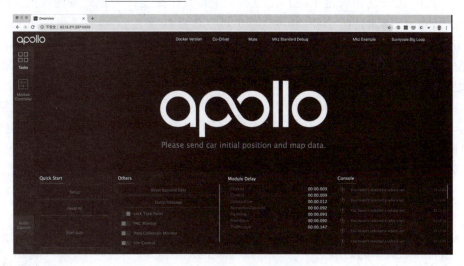

图 1-2-23　Apollo 界面图

（4）根据图 1-2-23，写出"Camera"模块为＿＿＿＿；"Canbus"模块为＿＿＿＿；"Control"模块为＿＿＿＿；"GPS"模块为＿＿＿＿；"lidar"模块为＿＿＿＿；"Localization"模块为＿＿＿＿；"Planning"模块为＿＿＿＿；"Prediction"模块为＿＿＿＿，"Routing"模块为＿＿＿＿。

知识学习

1. 智能网联汽车的应用平台——Apollo 系统的简介

Apollo（阿波罗）是百度为汽车行业及自动驾驶领域的合作伙伴提供的一个开放、完整、安全的软件平台，帮助他们结合车辆和硬件系统，快速搭建一套属于自己的完整的自动驾驶系统。此项计划旨在建立一个以合作为中心的生态体系，发挥百度在人工智能领域的技术优势，促进自动驾驶技术的发展和普及。

百度 Apollo 的发展历程：从 2015 年开始，大规模投入无人车技术研发，2015 年 12 月即在北京进行了高速公路和城市道路的全自动驾驶测试；2016 年 9 月获得美国加州自动驾驶路测牌照，11 月在浙江乌镇开展普通开放道路的无人车试运营；2017 年 7 月，率先开放封闭场地的自动驾驶能力，年底输出在城市简单路况下的自动驾驶能力，在 2020 年前逐步开放至高速公路和普通城市道路上的全自动驾驶；2018 年 1 月 8 日下午，在拉斯维加斯举办的 BAIDU WORLD 发布会上，百度正式推出了旗下第二代自动驾驶平台 Apollo 2.0；2018 年 2 月 15 日，Apollo 无人车亮相 2018 年中央电视台春节联欢晚会广东珠海分会场，在春晚直播中，百余辆 Apollo 无人车跨越港珠澳大桥；2018 年 7 月 4 日，在 Baidu Create 2018 百度 AI 开发者大会上，百度发布 Apollo3.0；2018 年 12 月 28 日，湖南湘江新区智能公交示范线首发仪式暨湖南湘江人工智能学院授牌仪式，在国家智能网联汽车（长沙）测试区举行，活动期间，百度 Apollo 自动驾驶全场景车型亮相活动现场测试区，并完成全国首例 L3 及 L4 级别等多车型高速场景自动驾驶车路协同演示；2019 年 1 月，百度在拉斯维加斯举行的 2019CES（消费电子展）上宣布，全球首个最全面智能驾驶商业化解决方案 Apollo Enterprise 正式问世；2019 年 9 月 26 日，百度在长沙宣布，自动驾驶出租车队 Robotaxi 试运营正式开启；2020 年 3 月 23 日，根据合肥市公共资源交易中心公示，百度中标合肥市智能网联汽车塘西河公园 5G 示范运行线设计采购施工一体化项目，将建设中国首个大型 5G 车路协同示范线；2020 年 3 月 24 日，百度中标山西省交通强国建设试点自动驾驶车路协同示范区（城市路段）项目；2020 年 9 月 10 日，百度 Apollo 宣布在北京正式开放自动驾驶出租车服务 Apollo Go；2020 年 10 月 11 日起，百度自动驾驶出租车服务在北京全面开放；2021 年 11 月 25 日，百度 Apollo 获国内首个自动驾驶收费订单，这标志着自动驾驶正迎来"下半场"——商业化运营阶段；2022 年 4 月 28 日，《北京市智能网联汽车政策先行区乘用车无人化道路测试与示范应用管理实施细则》正式发布，在国内首开乘用车无人化运营试点。

2. 智能网联汽车的应用平台——Apollo 系统的基本操作及界面介绍

1）智能网联汽车的应用平台——Apollo 系统的基本操作

要从 Linux 系统进入到智能网联汽车的应用平台——Apollo 系统，需要在终端上输入相应的指令，下面是相关指令及步骤：

APOLLO 系统基本操作

（1）进入工控机操作系统界面，操作鼠标打开终端（Terminal）。

（2）在终端中输入"cd/Apollo"命令，输入完成后按"回车"键，进入 Apollo 文件夹。

（3）输入"bash can_ start. sh"命令，输入完成后按"回车"键，输入操作系统设置的密码，打开 CAN 总线通信接口卡，使工控机具备 CAN 总线通信能力。

（4）打开新的终端，在终端中输入"cd/Apollo"命令，输入完成后按"回车"键，再次进入 Apollo 文件夹。

（5）输入"bash docker/scripts/dev_start.sh"命令，输入完成后按"回车"键，输入操作系统设置的密码，启动"docker"环境。

（6）输入"bash docker/scripts/dev_into.sh"命令，输入完成后按"回车"键，装载"docker"环境。

（7）输入"bash apollo.sh build_opt_gpu"命令，输入完成后按"回车"键，用 GPU（显卡）编译项目。

警告：本步骤运行时间约为 30 min，如果不是该工控机第一次运行该命令，则可以忽略本步骤。

（8）输入"bash scripts/bootstrap.sh"命令，输入完成后按"回车"键，启动 Apollo 无人驾驶平台的"DreamView"界面。

（9）打开 Ubuntu 系统自带的浏览器，并在网址中输入 http：//localhost：8888，按"回车"键打开网址。

2）智能网联汽车的应用平台——Apollo 系统的界面介绍

打开 docker 并进入后，接着在网页上输入 http：//localhost：8888 进入 DreamView 页面，在"mode"（模式设置）下拉菜单中选择"Rtk"，在"vehicle"（车辆）下拉菜单中选择"Dev Kit"并单击"DreamView"界面左侧的"Module"，就会出现如图 1-2-24 所示界面，其中，界面中的"Canbus"模块为与线控底盘进行通信模式；"Control"模块为控制车辆模式；"GPS"模块为搜索卫星信号模式；"Localization"模块为定位模式；"RTK Recorder"模块为循迹录制路线模式；"RTK Player"模块为循迹路线播放模式。

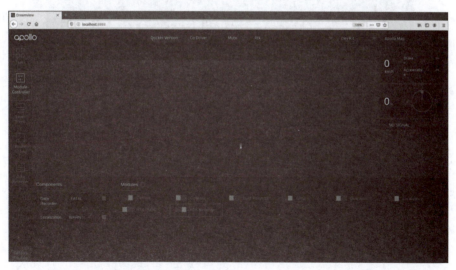

图 1-2-24 模式为"Rtk"，"vehicle"为"Dev Kit"下的 Apollo 界面

打开 docker 并进入后，接着在网页上输入 http：//localhost：8888 进入 DreamView 页面，在"mode"（模式设置）下拉菜单中选择"Dev Kit Debug"，"vehicle"（车辆）下拉菜单中选择"Dev Kit"并单击"DreamView"界面左侧的"Module"，就会出现如图 1-2-25 所示

界面，其中，界面中的"Camera"模块为摄像信模式；"Canbus"模块为与线控底盘进行通信模式；"Control"模块为控制车辆模式；"GPS"模块为搜索卫星信号模式；"lidar"模块为打开激光雷达模式；"Localization"模块为定位模式；"Planning"模块为规划模块；"Prediction"模块为预测模式；"Routing"模块为路径模式。

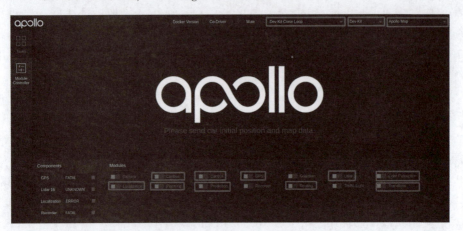

图1-2-25　模式为"Dev Kit Debug"，"vehicle"为"Dev Kit"下的Apollo界面

单击左侧窗口栏中"Routing Editor"标签，如图1-2-26所示，"Add Point of Interest"为添加一个point，"Send Routing Request"为发送添加的routing点。

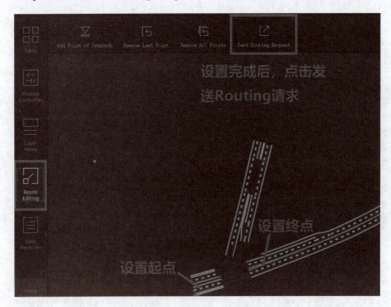

图1-2-26　"Routing Editor"标签下的Apollo界面

3. 智能网联汽车的应用平台——Apollo系统的安装步骤

1）配置Linux系统

开发套件客户的工控机已经预装了Ubuntu18.04 LTS操作系统和Apollo运行所需的环境，预装系统IPC的用户名和密码均为Apollo。

warning_ iconWARNING：在整个Apollo系统的操作过程中，全程禁用root账户，皆用普通账户进行操作。

安装并降级 GCC 和 G++。

按照以下命令安装 4.8 版本的 gcc 和 g++：

sudo apt update

sudo apt-get install g++-4.8 g++-4.8-multilib gcc-4.8 gcc-4.8-multilib

sudo /usr/bin/update-alternatives --install /usr/bin/gcc gcc /usr/bin/gcc-4.899 --slave /usr/bin/g++ g++ /usr/bin/g++-4.8

安装完成后，先用以下命令检查 gcc 和 g++ 的版本：

gcc --version

g++ --version

若输出的 gcc 和 g++ 是 4.8 版本的，则确认安装成功；否则重新安装直到成功为止。

warning_ iconWARNING：在以下的操作中，如非本文档或操作系统要求，禁用一切 sudo 操作。

2）升级 Apollo 源代码

当前用户的 home 目录下已有 Apollo 代码，按照以下步骤来更新代码：

cd /Apollo

git checkout

git pull origin r5.5.0

3）设置 Apollo 编译环境

（1）设置环境变量，在终端输入以下命令：

cd

echo "export APOLLO_HOME=$(pwd)" >> ~/.bashrc && source ~/.bashrc

source ~/.bashrc

（2）将当前账户加入 docker 账户组中并赋予其相应权限，在终端输入以下命令：

sudo gpasswd -a $USER docker

sudo usermod -aG docker $USER

sudo chmod 777 /var/run/docker.sock

命令执行完成后，重新启动计算机。

（3）输入以下命令加载 docker 的 image 镜像：

cd /images_r5.5.0

sudo bash LoadImages.sh

（4）启动并进入 docker 容器，在终端输入以下命令：

cd /Apollo

bash docker/scripts/dev_start.sh

第一次进入 docker 或者 image 镜像有更新时会自动下载 Apollo 所需的 image 镜像文件，下载镜像文件的过程会很长，需耐心等待；如果确信计算机本地有你需要的 image 镜像文件或者你不希望更新 image 镜像，则可以使用"bash docker/scripts/dev_start.sh -n"命令代替上面的命令，这样 Apollo 就不会去 github 的官方网站比较本地 image 镜像和官方网站 image 镜像的区别了，可以省去二者比较的时间及避免因网络问题而导致的二者比较

失败的现象，以加快启动 docker 容器的速度。

上述过程完成后，输入"bash docker/scripts/dev_into.sh"命令以进入 docker 环境中。

（5）编译 apollo，在终端输入"bash apollo.sh build_opt"命令，等待编译完成，整个编译过程大约耗时 25 min。

四、知识考核

（一）填空题

（1）Ubuntu 是一个以桌面应用为主的_____操作系统。

（2）使用终端复制文件到不同文件夹里面，使用的指令是_____。

（3）使用终端查看当前所在的位置，使用的指令是_____。

（4）Apollo（阿波罗）是百度为_____及_____领域的合作伙伴提供的一个_____、_____、_____的软件平台，帮助其结合车辆和硬件系统，快速搭建一套属于自己的完整的自动驾驶系统。

（5）打开并进入 Docker 后，打开"DreamView"的指令_____及位置_____。

（二）问答题

（1）简述 Ubuntu 的安装流程。

（2）简述 Apollo 的打开流程。

五、评价及总结

（一）自我评价

结合自己的学习过程及学习效果，对自己学习的主动性和效果进行自评，评价等级为优、良、合格和不合格，针对出现的失误进行反思，完善改进方向及改进措施。

评价维度		评价标准	评级
学习主动性	课前	课前预习，完成老师布置的课前任务	
	课中	积极思考，参与课堂互动，辅助老师完成教学演示或模拟练习	
	课后	及时总结，完成课后练习任务，及时向老师反馈学习建议	
学习效果		1. 熟悉智能网联汽车的操作系统——Ubuntu 系统	
		2. 熟悉智能网联汽车的应用平台——Apollo 系统	
任务实施出现的失误			
改进的方向及措施			

(二) 学生互评

通过提问、观察同学的演示以及上课的情况，对同学这次学习任务的效果开展评价，评价等级为优、良、合格和不合格，指出任务实施过程中出现的失误，给出改进建议。

小组成员姓名：_____

评价维度	评价标准	评级
学习效果	1. 熟悉智能网联汽车的操作系统——Ubuntu 系统	
	2. 熟悉智能网联汽车的应用平台——Apollo 系统	
任务实施出现的失误		
建议		

项目二

智能网联汽车线控底盘系统测试与装调

【项目描述】

　　智能网联汽车线控底盘系统主要由线控转向系统、线控制动系统、线控驱动系统三大系统组成。线控底盘是自动驾驶与新能源汽车中间的一个结合点,它是实现无人驾驶的关键载体。线控底盘之所以叫线控,是因为使用了线(电信号)的形式来取代传统的机械、液压或气动等形式的连接,从而不需要依赖驾驶员的力或扭矩的输出。线控系统是执行机构与操纵机构没有机械连接和机械能量的传递,驾驶者的操作指令通过传感器件感知,再采用电信号等形式经过网络传递给执行机构与电子控制器。由于线控底盘系统取消了传统的气动、液压及机械连接,取而代之的是传感器、控制单元及电磁执行机构,所以具有安全、响应快、维护费用低、安装测试简单快捷的优点。本项目主要学习线控转向系统、线控制动系统和线控驱动系统等,包含以下5个工作任务:

　　任务一　认知线控底盘控制原理及电源系统
　　任务二　测试与调试线控底盘驱动系统
　　任务三　测试与调试线控底盘制动系统
　　任务四　测试与调试线控底盘转向系统
　　任务五　测试线控底盘系统

　　通过完成以上5个工作任务,能够向客户解释有关智能网联汽车线控底盘的组成、作用、结构、工作原理等问题,并能按技术规范标准对线控驱动系统、线控制动系统、线控转向系统进行测试与装调。

任务一 认知线控底盘控制原理及电源系统

一、任务描述

线控底盘是自动驾驶的必要条件，要了解自动驾驶控制器与底盘组件之间的信息交互关系，就要先了解车辆底盘控制组件的控制原理。本次任务为通过安装底盘控制及电源分配系统，以理解线控底盘控制部分结构组成和自动驾驶小车教学平台电源的分配管理方法。作为一名专业调试人员，应该了解线控底盘和电源系统的控制原理。

二、任务目标

实施步骤	素质目标	知识目标	技能目标
1. 认知线控底盘控制系统	1. 树立效率和规范意识； 2. 培养爱岗敬业的职业道德和严谨务实的工作作风； 3. 培养分析问题的能力	掌握线控底盘系统的组成和控制原理	能够正确讲述底盘控制模块的控制原理
2. 认知线控底盘电源系统		掌握线控底盘电源系统的组成和控制原理	能够正确说出线控底盘电源系统的控制原理

三、实施步骤

（一）认知线控底盘控制系统

技能实践

（1）识别线控底盘控制系统零部件。

智能网联汽车线控底盘控制系统零部件如图 2-1-1 所示，请指出下列零部件的名称，并填入表 2-1-1 中。

图 2-1-1　智能网联汽车线控底盘控制系统组成

表 2-1-1　智能网联汽车线控底盘控制系统组成零部件名称

序号	部件名称	序号	零部件名称
*1		*4	
*2		*5	
*3		*6	

（2）在表 2-1-2 中写出智能网联汽车线控底盘控制系统组成零部件安装位置及作用。

表 2-1-2　智能网联汽车线控底盘控制系统组成零部件安装位置及作用

序号	零部件名称	安装位置	作用
*1			
*2			
*3			
*4			
*5			
*6			

（3）线控底盘控制系统的控制原理如图 2-1-2 所示，请完成以下填空。

①线控底盘控制系统是＿＿＿＿＿＿通过＿＿＿＿＿＿发送＿＿＿＿＿＿给＿＿＿＿＿＿，实现对自动驾驶小车教学平台运动状态进行控制的系统。

②线控系统替代了＿＿＿＿＿＿、＿＿＿＿＿＿、＿＿＿＿＿＿的过程，采用＿＿＿＿＿＿控制车辆运动，

可以自由设计汽车_____特性和_____特性，实现许多传统转向系统不具备的功能。

③底盘中搭载有一个额定功率 500 W 的自带差速器_____，通过一对传动轴连接驱动轮，是小车前进和后退时的动力来源，底盘中间是一个 2.5 kW/h 的_____，可保证小车续航 2～3 h。

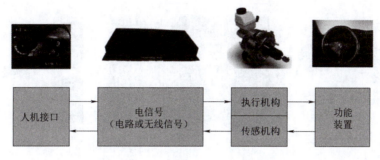

图 2-1-2　线控底盘系统的控制原理

知识学习

1. 概述

智能网联汽车的车辆控制技术，是在环境感知技术的基础上，根据决策规划出目标轨迹，通过电动机或发动机与传动系统、汽车运动学、汽车动力学、轮胎等模型与不同的控制器算法结合，使车辆纵向和横向控制系统配合，控制车辆能够跟踪目标轨迹准确稳定的行驶，同时使车辆在行驶过程中能够实现车速调节、车距保持、换道、超车等基本操作。

线控底盘技术的优点

在智能网联汽车的行驶过程中，车辆的横向运动和纵向运动存在耦合关系，控制方式一般分为独立控制和综合控制两种。

2. 控制方式

1）独立控制

独立控制就是设计两个独立关系的控制器，将纵向运动和横向运动分开进行控制，如图 2-1-3 所示。

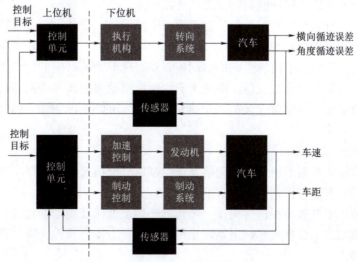

图 2-1-3　独立控制

2)综合控制

综合控制就是设计一种基于反步法的鲁棒性自适应控制器,通过协调转向、制动、驱动系统,实现智能网联汽车的纵、横向耦合控制,如图2-1-4所示。

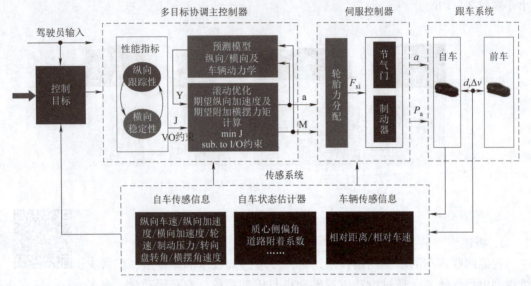

图2-1-4 综合控制

智能网联汽车运动控制中的纵向控制是指通过对加速踏板和制动踏板的协调控制,实现对期望车速的精确跟随。横向控制可以实现智能网联汽车的路径跟踪,其目的是在保证车辆操纵稳定性的前提下,不仅使车辆精确地跟踪期望的线路,同时使车辆具有良好的动力性和乘坐舒适性。

车辆是一个强耦合的高度非线性系统,其行驶中所需的纵向力和横向力均源于轮胎与地面之间的摩擦力,且满足轮胎动力学中的附着极限椭圆理论。考虑将纵向运动和横向运动单独控制会降低车辆的控制性能,因此提出了纵、横向控制,即耦合运动控制。所谓耦合控制,就是一个模块通过接口向另一个模块传递一个控制信号,接收信号的模块根据信号值而进行适当的动作,这种控制被称为耦合控制。

为实现车队中所有车辆的车道保持和车辆间距恒定,一般基于位置预瞄方式,采用非奇异终端滑模控制技术设计纵横向耦合控制器。在此基础上,为解决结构控制的抖振问题,引入饱和函数,设计了反演变结构协调控制器实现车辆的纵横向运动控制。提出的一种智能网联汽车纵横向耦合控制器,由基于非线性模型预测控制方法的横向控制模块和纵向速度控制模块组成,而纵向速度的确定则考虑了道路的几何关系以及横向动力学原理,以保证车辆的横向稳定。

3. 线控底盘系统的控制原理

线控底盘系统是控制器通过有线网络发送控制信号给执行设备,以实现对自动驾驶小车教学平台运动状态进行控制的系统。其控制原理如图2-1-2所示。

线控系统替代了驾驶员操作转向盘、离合器挡位、加速及制动的过程,采用电信号控制车辆运动,可以自由设计汽车转向系统角传递特性和力传递特性,以实现许多传统转向系统不具备的功能。

底盘中搭载有一个额定功率 500 W、自带差速器的永磁同步电动机,通过一对传动轴连接驱动轮,是小车前进和后退时的动力来源;底盘中间是一个 2.5 kW/h 的磷酸铁锂电池,可保证小车续航 2~3 h;旁边是小车的制动系统,采用直流制动电动机带动制动推杆,将制动主缸中的液压油推入液压制动钳,然后夹住碟式制盘完成制动。小车的前轮是转向轮,转向是通过转向驱动电动机、同步轴、联轴器、绝对角度编码器等组成的转向系统来实现的。

4. 线控底盘与电源分配系统的结构组成及功能

线控底盘及电源分配系统主要由底盘控制部分和电源分配部分组成。底盘控制部分包括整车控制器、电动机控制器、制动电动机驱动器等控制模块硬件,电源分配部分则由逆变器、DC-DC 直流电源转换器、保险盒、地线盒等电源分配模块硬件组成。

1)底盘控制部分

①整车控制器。

整车控制器是整个汽车的核心控制部件,相当于汽车的大脑,如图 2-1-5 所示。它采集加速踏板信号、制动踏板信号及其他部件信号,并做出相应判断后,控制下层各部件控制器的动作,驱动汽车正常行驶。

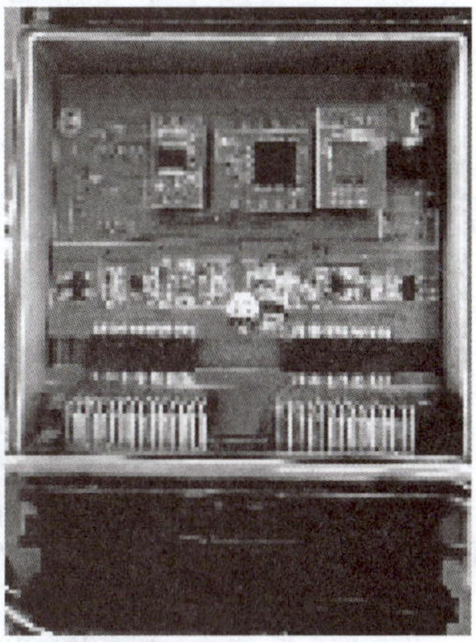

②电动机控制器。

图 2-1-5 整车控制器

电动机控制器的作用是控制电动车辆的起动运行、进退速度、爬坡力度等行驶状态,或者帮助电动车辆制动,并将部分制动能量存储到动力电池中,如图 2-1-6 所示。

③制动电动机驱动器。

制动电动机驱动器的作用是控制制动电动机停转运行及其转速,如图 2-1-7 所示。

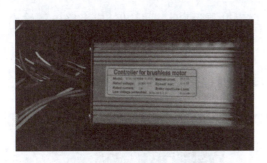

图 2-1-6 电动机控制器

图 2-1-7 制动电动机驱动器

2)电源分配部分

(1)逆变器。

逆变器的作用是将 48 V 直流电源转换为 220 V 交流电源给工控机供电,如图 2-1-8 所示。

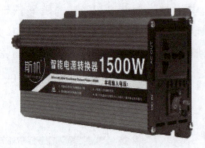

峰值功率：1 500 W　　输出波形：修正弦波
额定功率：700 W　　　输出电压：220 V
输入电压：12 V/24 V/48 V/60 V可选
材质：优质铝合金外壳

图 2 – 1 – 8　逆变器

（2）DC – DC 电源转换器。

DC 是指直流电源，在这里 DC – DC 转换器的作用是将 48 V 直流电源转换成 12 V 直流电源。

图 2 – 1 – 9　DC – DC 电源转换器

（3）保险盒。

两个保险盒将 48 V 直流电源和 12 V 直流电源隔离，并可以分成多路电源输出，如图 2 – 1 – 10 所示。

（4）二进八出地线盒。

二进八出地线盒的作用是将 48 V 地和 12 V 地隔离开，如图 2 – 1 – 11 所示。

图 2 – 1 – 10　保险盒　　　　　图 2 – 1 – 11　二进八出地线盒

（二）认知线控底盘电源系统

技能实践

（1）写出初始器件安装的步骤。

安装顺序按器件体积由大到小进行。

①开_____固定孔，安装 DC/DC。

②开_____固定孔，安装电动机控制器。

③开_____固定孔，安装 VCU。

④逆变器的固定需要在_____开孔。

⑤虽然保险盒有_____个固定孔，但只采用对角线开孔来固定，开_____固定孔、_____固定孔以及_____固定孔，安装地线盒和 48 V 及 12 V 保险盒。

⑥固定制动电动机的驱动，安装_____挡板。

（2）线束制作与连接。

填写完整以下线路制作与连接步骤：

①接入地线盒的线头需要镀锌。

②铜鼻子与 48 V 保险盒连接的线路采用的规格为_____，与 220 V 逆变器连接的线路采用的规格为_____。

③第②条所指规格的铜鼻子在连线时需要_____以及_____。

④每一组线都需要用_____进行包裹。

⑤线路拐弯处尽量为_____，以便于观察。

⑥线路连接。

知识学习

在充分考虑车辆结构特性和执行器饱和约束的前提下，将车辆的运动控制问题转化为纵向（驱动控制、制动控制）和横向（转向控制）的渐进跟踪问题，以使车辆接近决策规划层的期望车速和道路曲率为控制目标。

1. 车辆纵向控制

车辆纵向控制是在行车速度方向上的控制，即通过控制制动、加速、挡位等实现对车速的控制以及本车与前后车或障碍物距离的自动控制，这类控制问题可归结为对电动机驱动及发动机、传动和制动系统的控制。

2. 车辆横向控制

在无人车运动控制中，车身侧向稳定性与控制精度至关重要，相对于纵向控制而言，侧向控制的精度要求也更高。横向运动控制，主要用于对车辆转向盘的控制，系统根据上层运动规划输出的路径、曲率等信息进行跟踪控制，以减少跟踪误差，同时保证车辆行驶的稳定性和舒适性。

3. 智能网联汽车线控底盘电源系统

智能网联汽车线控底盘电源系统主要包括驱动系统、转向系统和制动系统等系统的电源控制，其主要原理如图 2－1－12 所示。

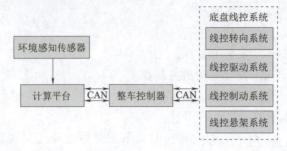

图 2－1－12　线路连接

知识拓展

线束制作所需的工具和使用方法。

1. 焊接工具（焊台、焊锡丝、助焊剂等，见图 2－1－13）

图 2－1－13　焊台、焊锡丝、助焊剂
(a) 焊台；(b) 焊锡丝；(c) 助焊剂

使用方法：

（1）将电烙铁烧热，待刚刚能熔化焊锡时涂上助焊剂，再将焊锡均匀地涂在烙铁头上，使烙铁头均匀地涂上一层锡。

（2）用烙铁头蘸取适量焊锡，接触焊点，待焊点上的焊锡全部熔化并浸没元器件引线头后，烙铁头沿着元器件的引脚轻轻往上一提离开焊点。

（3）焊完后将电烙铁放在烙铁架上。

2. 剥线钳（见图 2－1－14）

使用方法：

（1）剥线钳钳嘴上有很多开孔，每个开孔都写有对应的尺寸，将线放入对应线径的空洞中。

（2）在合适长度的地方压紧剥线钳，向外拉扯，便可将线剥开。

3. 压线钳（见图 2－1－15）

使用方法：

（1）检视被压着的端子与电线规格是否配合。

图 2－1－14　剥线钳

(2) 选择所欲压着的模具,例如欲被压着的端子规格为240,则选择240左右模具。

(3) 将模具装入活塞与模具固定座中。

(4) 泵浦使用方法:将进、回油开关以顺时针方向拧紧,反复摇动手柄,注视模具,当上下模碰在一处时就表示压着完毕,若使用者未注意继续摇动,活塞停止前进,此时应将回油开关以逆时针方向转动,即活塞回到原来位置。

注意:若模具未装上则不能压紧,以免活塞、钳口损坏。

图2-1-15 压线钳

四、知识考核

(一) 单项选择题

(1) 制动电动机驱动器的作用是（　　）。
A. 控制电动机运转　　　　　　B. 控制制动电动机停转运行和转速
C. 控制电动车辆的起动运行　　D. 控制小车前进

(2) 逆变器的作用是（　　）。
A. 将低压电转换为高压电
B. 将高压电转换为低压电
C. 将直流电转换为交流电给工控机供电
D. 将交流电转换为直流电给工控机供电

(3) DC是指直流电源,DC-DC电源转换器的作用是（　　）。
A. 将高压电转换为低压电
B. 将48 V直流电源转换成12 V直流电源
C. 将12 V直流电转换为48 V直流电
D. 将48 V直流电转换为12 V交流电

(4) 每一组线都需要用（　　）进行包裹。
A. 绝缘塑料袋　　　　　　　　B. 绝缘盒子
C. 绝缘橡胶　　　　　　　　　D. 绝缘胶布

(5) 在智能网联汽车的行驶过程中,车辆的（　　）运动和纵向运动存在耦合关系。
A. 横向　　　　　　　　　　　B. 纵向
C. 斜向　　　　　　　　　　　D. 45°方向

(二) 多项选择题

(1) 线控底盘及电源分配系统主要由（　　）部分和（　　）部分组成。
A. 电动机控制　　　　　　　　B. 整车控制
C. 底盘控制　　　　　　　　　D. 电源分配

(2) 线控底盘控制部分包括（　　）等控制模块硬件
A. 整车控制器　　　　　　　　B. 电动机控制器
C. 逆变器　　　　　　　　　　D. 制动电动机驱动器

五、评价及总结

(一) 自我评价

结合自己的学习过程及学习效果,对自己的学习主动性和效果进行自评,评价等级为优、良、合格和不合格,针对出现的失误进行反思,完善改进方向及改进措施。

评价维度		评价标准	评级
学习主动性	课前	课前预习,完成老师布置的课前任务	
	课中	积极思考,参与课堂互动,辅助老师完成教学演示或模拟练习	
	课后	及时总结,完成课后练习任务,及时向老师反馈学习建议	
学习效果		1. 能够正确讲述底盘控制模块的控制原理	
		2. 能够正确说出线控底盘电源系统的控制原理	
任务实施出现的失误			
改进的方向及措施			

(二) 学生互评

通过提问、观察同学的演示以及上课的情况,对同学本次学习任务的效果开展评价,评价等级为优、良、合格和不合格,指出任务实施过程中出现的失误,给出改进建议。

小组成员姓名:＿＿＿＿＿＿＿＿＿＿＿＿＿＿

评价维度	评价标准	评级
学习效果	1. 能够正确讲述底盘控制模块的控制原理	
	2. 能够正确说出线控底盘电源系统的控制原理	
任务实施出现的失误		
建议		

任务二　测试与装调线控底盘驱动系统

一、任务描述

  智能网联汽车的线控底盘系统包括线控驱动系统、线控制动系统、线控转向系统三大系统。线控驱动，即 Throttle – By – Wire，作为最成熟的线控技术之一，线控驱动系统用于提供给自动驾驶车辆行走的功能。本次任务通过学习线控驱动系统的相关内容，进行实验操作，以了解线控驱动系统的组成，并掌握线控驱动系统中各硬件之间的控制关系和信号传递关系。假如你是一名专业调试人员，应该能对智能网联汽车的线控驱动进行测试与装调。

二、任务目标

实施步骤	素质目标	知识目标	技能目标
1. 认识线控底盘驱动系统	1. 培养严谨规范的职业意识和精益求精的工匠精神；	能够识别驱动系统的作用、分类、组成和控制原理	能够正确说出驱动控制路线
2. 安装线控底盘驱动系统	2. 树立团结合作、热心奉献的职业素养	能够掌握线控底盘驱动系统安装注意事项和安装流程	能够正确安装线控底盘驱动系统

  (1) 认知线控底盘驱动系统（理论：作用、分类、组成、控制原理。实训：认识部件，说出驱动控制路线）。
  (2) 安装线控底盘驱动系统（理论：安装注意事项、安装流程。实训：安装步骤）。

三、实施步骤

(一) 认识线控底盘驱动系统

技能实践

  (1) 为了解线控底盘系统，请根据图 2 – 2 – 1 填写以下内容。
  线控系统是_____通过_____控制信号，对_____进行控制的系统，即控制机构通过________，发送数据去控制________按照控制目标去工作，执行器________后，再通过发送回复数据________执行情况给控制机构，实现________控制的“线控”系统。

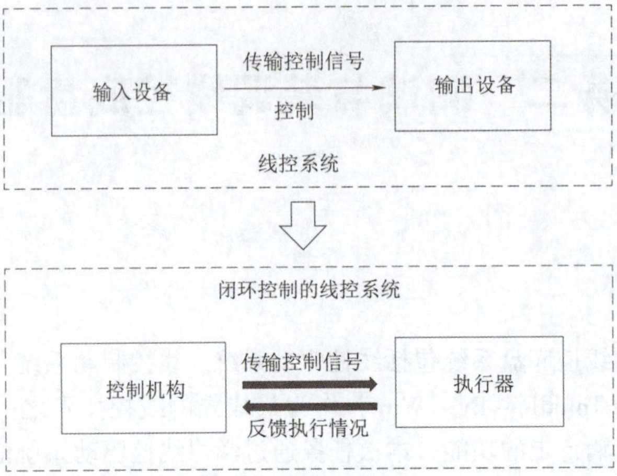

图 2-2-1　线控系统原理框图

（2）识别线控驱动系统硬件组成。

线控底盘驱动系统零部件如图 2-2-2 所示，请指出下列零部件的名称，并填入表 2-2-1 中。

*1

*2

*3

*4

*5

*6

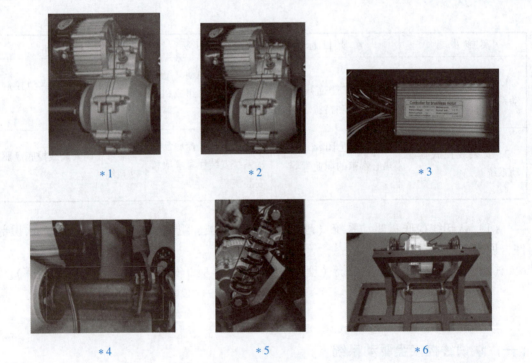

图 2-2-2　线控底盘驱动系统

表 2-2-1 线控底盘驱动系统零部件名称

序号	零部件名称	序号	零部件名称
*1		*4	
*2		*5	
*3		*6	

（3）请填写图 2-2-3 和图 2-2-4 所示线控驱动系统的控制关系图以及相互关联性分析图。

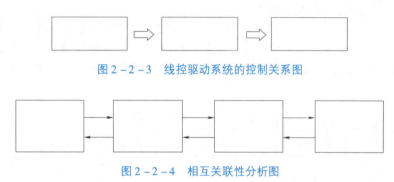

图 2-2-3 线控驱动系统的控制关系图

图 2-2-4 相互关联性分析图

知识学习

智能网联汽车要实现对车辆的运动和车身电器进行自动控制，必须有相应的线控系统来满足，其中车身电器线控系统用于实现对车辆内外部灯光、车门以及人机交互界面等的控制，车辆运动的线控系统用于实现对车辆底盘的控制，包括线控转向系统、线控驱动系统、线控制动系统；而制动部分包括行车制动、驻车制动与辅助制动，驱动系统包括发动机/电机/混合动力、传动系统等的控制。

线控技术最早应用于航空领域，源于飞行控制系统，它将飞行员执行的操作动作转变成弱电信号，再通过弱电信号控制强电执行机构的方式来实现相应的飞行控制，整个控制过程中增加了计算机的控制环节。

线控系统的主要作用是减少复杂的机械传动机构，使整体质量更小、油耗更低、制造成本更低、控制更简洁，同时便于增加计算机辅助控制。随着汽车领域的不断发展，相应的需求不断提高后也引入了线控技术，该技术在车辆中主要解决了车辆空间利用率的问题，为现在正在飞速发展的制动驾驶提供了坚实的底层控制基础。目前的汽车线控技术包括线控转向系统、线控动力系统、线控制动系统、线控悬架系统、线控增压系统和线控加速踏板（节气门）系统等。

1. 线控驱动系统

在讲线控驱动系统之前，我们需要明白什么是线控系统。线控系统通俗的讲，就是输入设备通过导线传输控制信号，对输出设备进行控制的系统；专业的讲，就是控制机构通过有线通信网络，发送数据去控制执行器按照控制目标去工作，执行器执行后，再通过发送回复数据反馈执行情况给控制机构，实现闭环控制的"线控"系统。

2. 线控驱动系统硬件组成

线控驱动系统主要由驱动电动机、传动轴、整车控制器（VCU）和驱动轮等硬件组成。自带差速器永磁同步电动机的额定输出功率是500 W，差速器的作用是满足车辆转向时内、外两侧轮胎转速不同的要求。传动轴的作用是将电动机的转动传动至驱动轮上。

整车控制器 VCU 是整个汽车的核心控制部件，相当于汽车的大脑。它采集加速踏板信号、制动踏板信号及其他部件信号，并做出相应判断后，控制下层各部件控制器的动作，驱动汽车正常行驶。作为汽车的指挥管理中心，整车控制器的主要功能包括驱动力矩控制、制动能量的优化控制、整车的能量管理、CAN 网络的维护和管理、故障的诊断和处理、车辆状态监视等，它起着控制车辆运行的作用。因此整车控制器的优劣直接决定了车辆的稳定性和安全性。

1）线控系统存在的意义及定义

Drive – By – Wire 被称为线控驱动技术，有时也被称为"线控驱动"或简单的"线控"，有可能改变人们的开车方式。装有这种系统的汽车将主要依靠电子来控制车辆的操作，包括加速、制动和转向。图 2-2-5 所示为用北斗高精度差分定位系统搭建的自动驾驶低速车辆。

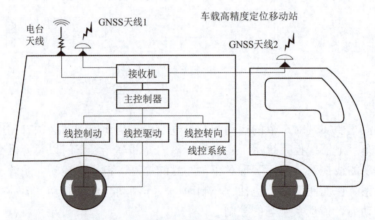

图 2-2-5　北斗高精度差分定位系统搭建的自动驾驶低速车辆

线控底盘的结构组成如图 2-2-6 所示。

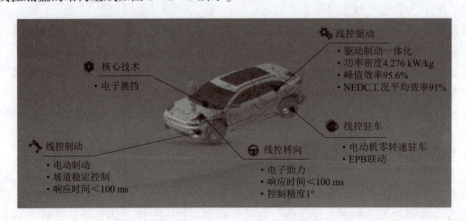

图 2-2-6　线控底盘

传统汽车主要采用液压和机械技术来执行这些相同的基本操作，虽然传统系统功能强大，但也可能过于复杂，效率低下，而且易于磨损。

线控驱动系统具有增加舒适性、功能性和安全性的潜力，计算机和传感器分析指令，并控制汽车执行相应的动作。此外，线控驱动系统还有环境方面的优势，因为该技术可以改善燃料经济性并减少或改善发动机的排放。

2）线控驱动系统在自动驾驶中的作用

线控加速系统主要由加速踏板、踏板位移传感器、ECU、数据总线、伺服电动机和节气门执行机构组成，如图 2-2-7 所示。踏板位移传感器安装在加速踏板内部，随时监测加速踏板的位置。当监测到加速踏板高度位置发生变化时，会瞬间将此信息送往 ECU，ECU 对该信息和其他系统传来的数据信息进行运算处理，计算出一个控制信号，通过线路送到伺服电动机继电器，伺服电动机驱动节气门执行机构，实现加速控制。数据总线则负责系统 ECU 与其他 ECU 之间的通信。

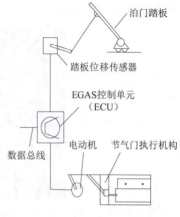

图 2-2-7 线控加速控制原理

线控加速这项新科技可以为驾驶者带来以下三方面的好处。

（1）由于节气门角度由机械控制变成电子控制，因此减少了机械组合零件，相对地机械结构的质量也减轻，理论上对于机械上的润滑和调整也可以减少。

（2）线控加速不但可以让驾驶者对踩加速踏板的感觉更敏感和精确，还可以与油压、发动机温度和废气再循环等信息有更密切的电子信号结合，因而有助于减少耗油量和废气排出，对环境有保护作用。

（3）由于节气门开度被简化成一系列的电子信息，因此电脑管理系统整合 ABs、换挡控制和防滑系统等信息时比过去简单，有助于提高各项系统的沟通效率，也有助于减轻质量及降低各种机械零件的维修概率。

在目前的电子燃油喷射发动机上，线控加速除了发挥上述功能外，还可以进一步改善发动机的节油和排放性能。图 2-2-8 所示为舍弗勒的 Space Drive 线控技术。

图 2-2-8 舍弗勒的 Space Drive 线控技术

3）线控驱动系统的类型及组成

线控驱动系统的组成部分主要由电动机控制器、驱动电动机、整车控制器和差速器组成。

（1）电动机控制器的作用是控制自动驾驶汽车的起动运行、进退速度、爬坡力度等行驶状态，或者将帮助自动驾驶汽车制动，并将部分制动能量存储到动力电池中。图2-2-9所示为电动机控制器。

图2-2-9　电动机控制器

（2）驱动电动机的作用是后桥提供动力，使车子动起来，该驱动电动机使用的是内置差速器的永磁同步电动机。如图2-2-10所示，差速器（见图2-2-10框①）是为了调整左右轮的转速差而装置的。永磁同步电动机（见图2-2-10框②）由定子、转子和端盖等部件构成。定子与普通感应电动机基本相同，采用叠片结构，以减小电动机运行时的铁耗。转子可做成实心，也可用叠片叠压。电枢绕组可采用集中整距绕组，也可采用分布短距绕组和非常规绕组。

图2-2-10　驱动电动机与减速机构

（3）整车控制器的作用：整车控制器是整个汽车的核心控制部件，相当于汽车的大脑。它采集加速踏板信号、制动踏板信号及其他部件信号，并做出相应判断后，控制下层各部件控制器的动作，驱动汽车正常行驶。作为汽车的指挥管理中心，整车控制器的主要功能包括驱动力矩控制、制动能量的优化控制、整车的能量管理、CAN 网络的维护和管理、故障的诊断和处理、车辆状态监视等，它起着控制车辆运行的作用。因此整车控制器的优劣直接决定了车辆的稳定性和安全性，如图 2-2-11 所示。

图 2-2-11　整车控制器内部结构

① 电动汽车的线控驱动系统。

线控电动机控制器〈可线控〉+电动机。

典型车型：广汽艾安（支持百度 Apollo）。

② 燃油汽车的线控驱动系统。

发动机控制器〈可线控〉+发动机。

典型车型：林肯 MK 车型（支持百度 Apollo、谷歌无人驾驶系统等）。

4）线控驱动系统的控制方式/策略

控制方式：当用户需要使车辆切换挡位、加速、减速时，整车控制器发送对应控制信号至电动机控制器，电动机控制器根据信号来控制电动机的转动方向、加速、减速等一系列动作，其控制过程如图 2-2-12 所示。

图 2-2-12　线控驱动系统控制过程

相互关联性分析：系统组成结构、信号传递路径/方向框图如图 2-2-13 所示。

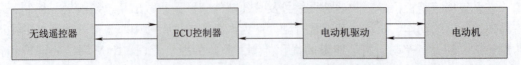

图 2-2-13　线控驱动系统的相互关联性分析图

（二）安装线控底盘驱动系统

技能实践

请按照技术规范要求对驱动后桥进行总体安装，并按照安装流程完成以下填空。

1. 连接电动机及传动左半轴

（1）将左半轴花键插入永磁_____有线的一侧，注意将过线口对准电线所在位置才能够顺利地插入，强行安装会损坏电动机线束。

（2）将永磁同步直流电动机_____在地面上，转动左半轴调成制动卡钳固定孔朝向。

（3）安装固定螺杆（_____），用手简单拧紧即可，以方便后面进行调整。

2. 连接电动机及传动右半轴

（1）将_____花键插入永磁同步电动机另一侧。

（2）调节后桥固定孔以及_____的位置，使其与左半轴一致。

（3）安装固定螺杆（_____），用手简单拧紧即可，以方便后面进行调整。

3. 驱动电动机总成连接后桥支架

将_____与驱动电动机总成按照图 2-2-14 所示形式对齐，若能够达到图 2-2-14 中所示效果，则将上一步中所有螺杆拧紧。

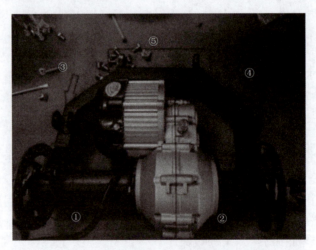

图 2-2-14　驱动电动机总成连接后桥支架

4. 固定底盘支架

将_____与后桥支架连接，固定孔对齐，如图 2-2-15 所示，对齐后用螺杆与螺母拧紧。

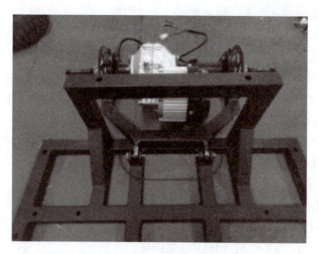

图 2－2－15　固定底盘支架

5. 减震器安装

（1）固定_____位，如图 2－2－16 所示。

（2）拿出减震器，按照图 2－2－17 所示进行安装，注意靠近_____的①端在上面（连接底盘支架），另一端（②）在下面（连接后桥支架），然后用螺杆和螺母拧紧。

图 2－2－16　固定空位

图 2－2－17　安装减震器

6. 驱动轮安装

（1）将_____放入传动轴的插销孔内（左、右半轴安装方法一样）。

（2）将轮胎安装在传动轴上，轮毂中心有一个_____对应销子的安装位置。

（3）在轮胎外侧拧上螺母，用_____紧固。

知识学习

线控动力系统的核心是发动机控制单元、自动变速器控制单元、混合动力控制单元、整车控制器（纯电动汽车），通过加速踏板、挡位以及汽车运动状态，判断驾驶人或者自动驾驶系统的操纵或者控制意图，然后通过对自动变速器、发动机（电动机或发动机与电动机组合）的动力控制，实现主动动力驱动控制。

电子节气门控制系统主要由加速踏板位置传感器、电控单元（ECU）、伺服电动机和节气门执行机构组成。位置传感器安装在加速踏板内部，随时监测加速踏板的位置，当监测到加速踏板高度位置发生变化时，传感器将此信息送往 ECU，ECU 对该信息和其他系统传来的数据信息进行运算处理，计算出一个控制信号，通过线路送到伺服电动机，伺服电动机驱动节气门执行机构。在自适应巡航中，则由 ESP 中的 ECU 来控制电动机，进而控制进气门的开、闭幅度，最终控制车速。

1. 安装注意事项

（1）严格按照技术规范标准文件进行安装。

（2）安装过程中，严禁野蛮操作，以免损坏设备零件。

（3）需要紧固的部位，要遵守紧固原则，分次进行紧固。

（4）对应标记模糊看不清的结构部件，严格按照零部件的结构原理进行安装。

2. 安装流程

线控底盘驱动系统的安装流程如下：

（1）连接电动机及传动左半轴。

（2）连接电动机及传动右半轴。

（3）驱动电动机总成连接后桥支架。

（4）固定底盘支架。

（5）减震器安装。

（6）驱动轮安装。

知识拓展

1. 永磁同步电动机

永磁同步电动机主要由定子、转子和端盖等部件构成，定子由叠片叠压而成，以减少电动机运行时产生的铁耗，其中装有三相交流绕组，称作电枢。转子可以制成实心的形式，也可以由叠片压制而成，其上装有永磁材料。根据电动机转子上永磁材料所处位置的不同，永磁同步电动机可以分为凸出式与内置式两种结构形式，如图 2-2-18 所示。凸出式转子的磁路结构简单，制造成本低，但由于其表面无法安装启动绕组，故不能实现异步启动。

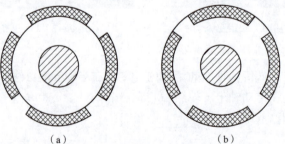

图 2-2-18 两种结构形式的表面形式转子的磁路结构

(a) 凸出式；(b) 内置式

内置式转子的磁路结构主要有径向式、切向式和混合式 3 种，它们之间的区别主要在于永磁体磁化方向与转子旋转方向关系的不同。图 2－2－19 给出了 3 种不同形式的内置式转子的磁路结构。由于永磁体置于转子内部，故转子表面便可制成极靴，极靴内置入铜条或铸铝等便可起到启动和阻尼的作用，稳态和动态性能都较好。又由于内置式转子磁路不对称，这样就会在运行中产生磁阻转矩，有助于提高电动机本身的功率密度和过载能力，而且这样的结构更易于实现弱磁扩速。

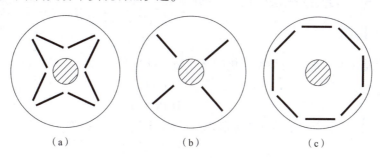

图 2－2－19　内置式转子的磁路结构
（a）混合式；（b）径向式；（c）切向式

2. 三相交流异步电动机

1）结构

三相异步电动机结构较为简单，主要包括定子、转子和壳体 3 个部分，如图 2－2－20 所示。

图 2－2－20　交流异步电动机结构
1—转子；2—壳体；3—定子

2）工作原理

由于旋转磁场不断切割转子中的闭合导体，故产生感应电动势和感应电流，再由转子中的感应电流和旋转磁场的相互作用而产生电磁转矩，使得转子随着旋转磁场的方向同向运转。比如笼型异步电动机，由于旋转磁场顺时针切割转子导体，相当于导体逆时针转动，运用右手定则，让磁感线垂直穿过手心，拇指指向导体的运动方向，四指的方向就是感应电流的方向；然后应用左手定则，磁感线穿过手心，四指指向电流运动方向，大拇指方向即为转子受到电磁力的方向。由此在电磁力的作用下形成电磁转矩，拖动转子顺着旋转磁场的方向转动。

四、知识考核

（一）填空题

(1) SWD 控制速度的模式有三种，分别为_____、_____、_____。

(2) 拨杆 SWB 切换控制模式有三种，分别是_____、_____和_____。

（二）单项选择题

(1) 自带差速器的永磁同步电动机的额定输出功率是（　　）。

A. 500 W B. 600 W
C. 700 W D. 800 W

(2) （　　）是整个汽车的核心控制部件，相当于汽车的大脑。

A. 驱动电动机 B. 传动轴
C. 驱动轮 D. 整车控制器

(3) 在自动驾驶系统中，控制机构为（　　）。

A. CAN 总线网络 B. 驱动电动机控制器
C. 高性能计算机 D. 驱动控制设备

（三）多项选择题

(1) 线控驱动系统主要由（　　）等硬件组成。

A. 驱动电动机 B. 整车控制器
C. 传动轴 D. 驱动轮

(2) 整车控制器主要功能包括（　　）。

A. 驱动力矩控制
B. 制动能量的优化控制
C. 整车的能量管理
D. CAN 网络的维护和管理

(3) 自动驾驶小车可以通过（　　）方式完成驱动控制。

A. 遥控驱动 B. 制动能量的优化控制
C. 电脑发送数据控制驱动 D. 修改程序控制驱动

五、评价及总结

（一）自我评价

结合自己的学习过程及学习效果，对自己的学习主动性和效果进行自评，评价等级为优、良、合格和不合格，针对出现的失误进行反思，完善改进方向及改进措施。

评价维度		评价标准	评级
学习主动性	课前	课前预习，完成老师布置的课前任务	
	课中	积极思考，参与课堂互动，辅助老师完成教学演示或模拟练习	
	课后	及时总结，完成课后练习任务，及时向老师反馈学习建议	
学习效果		1. 能够正确说出驱动控制路线	
		2. 能够正确安装线控底盘驱动系统	
任务实施出现的失误			
改进的方向及措施			

（二）学生互评

通过提问、观察同学的演示以及上课的情况，对同学这次学习任务的效果开展评价，评价等级为优、良、合格和不合格，指出任务实施过程中出现的失误，给出改进建议。

小组成员姓名：_____

评价维度	评价标准	评级
学习效果	1. 能够正确说出驱动控制路线	
	2. 能够正确安装线控底盘驱动系统	
任务实施出现的失误		
建议		

任务三　测试与装调线控底盘制动系统

一、任务描述

　　智能网联汽车的线控底盘系统包括线控驱动系统、线控制动系统、线控转向系统三大系统。线控制动，即 Brake – By – Wire，在线控底盘技术中是难度最高的，但也是最关键的技术。线控制动系统掌控自动驾驶的底盘安全性和稳定控制，只有拥有足够好的制动性能（包括响应速度快、平顺性好等），才能为我们的安全提供良好保障。本次任务通过学习线控制动系统相关内容，进行实验操作，以了解线控制动系统的组成，并掌握线控制动系统中各硬件之间的控制关系和信号传递关系。假如你是一名专业调试人员，应该能对智能网联汽车的线控制动进行测试与装调。

二、任务目标

实施步骤	素质目标	知识目标	技能目标
1. 认识线控底盘制动系统	1. 培养严谨规范的职业意识和精益求精的工匠精神； 2. 树立团结合作、热心奉献的职业素养	能够识别制动系统的作用、分类、组成和控制原理	能够正确说出制动控制路线
2. 安装线控底盘制动系统		能够掌握线控底盘制动系统安装注意事项和安装流程	能够正确安装线控底盘制动系统

三、实施步骤

（一）认识线控底盘制动系统

技能实践

（1）识别线控制动系统硬件组成。

智能网联汽车线控底盘制动系统零部件如图 2 – 3 – 1 所示，请指出下列零部件的名称，并填入表 2 – 3 – 1 中。

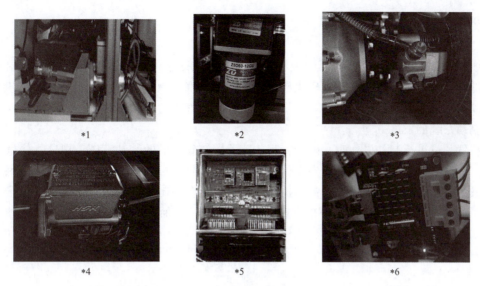

图 2-3-1 线控制动系统硬件

表 2-3-1 线控底盘驱动系统零部件名称

序号	零部件名称	序号	零部件名称
*1		*4	
*2		*5	
*3		*6	

（2）请在表 2-3-2 中写出线控制动系统零部件的安装位置及作用。

表 2-3-2 线控制动系统零部件安装位置及作用

序号	部件名称	安装位置	作用
*1	制动电动机		
*2	制动电动机驱动器		
*3	碟式制动盘		
*4	制动机构		
*5	整车控制器 VCU		

（3）请填写图 2-3-2 和图 2-3-3 所示线控制动系统的控制关系图以及相互关联性分析图。

图 2-3-2 线控制动系统的控制关系图

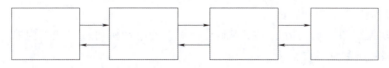

图 2-3-3 相互关联性分析图

知识学习

1. 线控制动系统

线控制动系统即电子控制制动系统,分为机械式线控制动系统和液压式线控制动系统。随着电子技术,特别是大规模集成电路的发展,汽车制动系统也将发生变化,朝着线控制动控制方向发展。线控制动系统将取代以液压或气压为主的传统制动控制系统,成为未来制动系统的发展方向。

在驾驶员进行制动操作时,踏板行程传感器探知驾驶员的制动意图,把这一信息传给ECU,ECU 汇集轮速传感器、转向角传感器等各路信号,根据车辆行驶状态计算出每个车轮的最大制动力,再发出指令给制动执行器执行各车轮的制动。同时,控制系统也接受其他电子辅助系统(例如 ABS、ESP 等)的传感器信号,从而保证最佳的减速度和行驶稳定性,如图 2-3-4 所示。

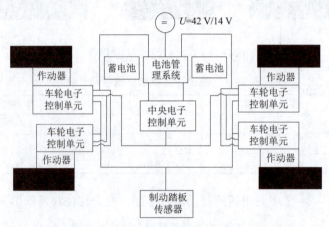

图 2-3-4 线控制动系统组成示意图

2. 线控制动系统组成

线控制动系统的组成部分包括整车控制器、制动驱动器、制动电动机和制动机构。

(1) 制动驱动器的作用:控制制动电动机驱动制动机构。

(2) 制动电动机的作用是当制动电动机接入电源时,制动电动机也同时工作。由于电磁吸力作用,电磁铁吸引衔铁并压缩弹簧,制动盘与衔铁端盖脱开,制动电动机开始运转。当切断电源时,制动电动机电磁铁失去磁吸力,弹簧推动衔铁压紧制动盘,在摩擦力矩的作用下,制动电动机立即停止运转。

(3) 制动机构由压力传感器和液压油缸组成,液压油缸的工作原理是以油液作为工作介质,通过密封容积的变化来传递运动,通过油液内部的压力来传递动力,通过压力传感器测得数据,从而调节该线控底盘制动系统需要的压力大小。

3. 线控制动系统的类型

1) 电子驻车制动系统(EPB,见图 2-3-5)

(1) 驾驶员拉起 EPB 开关。

(2) EPB 控制器接收到指令,控制制动卡钳上的电动机通过传动机构推动活塞,产生压力,将摩擦片压紧到制动盘上。

（3）摩擦片在垂直压力下与制动盘间产生静摩擦力，保持车辆静止。

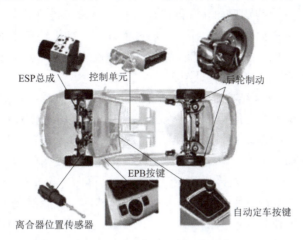

图2-3-5 电子驻车制动系统

2）电控液压制动系统（EHB，见图2-3-6）

EHB没有了真空助力器，结构更加简单紧凑；电动驱动，响应也更加迅速；方便实现四轮制动的分别控制；容易集成ABS（Anti-lock Braking System）、TCS（Traction Control System）以及ESC（Electric Stability Control）等辅助功能，兼容性强；踏板解耦，能够主动制动以及能量回收。EHB系统仍保留了传统的液压管路部分，是电子和液压相结合的产物。

典型带有助推器的EHB系统如图2-3-6所示。踏板位移通过传感器传导给电子ECU，然后经过不同的助力形式，如电动液压泵高压蓄能器或者直流电动机等推动建立起液压，液压再分配给四个制动轮缸。

电子液压制动系统

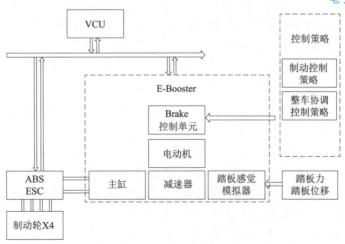

图2-3-6 电控液压制动系统

工作过程为：

(1) 驾驶员踩下制动踏板，输入机械力；

(2) 助推器通过电动机和油泵对驾驶员的输入进行助力（Boost）；

（3）制动液压主缸将驾驶员的输入力和 E‑Booster 的助力转化成制动系统液压；

（4）主缸液压通过制动硬管和软管传递至每一个车轮的制动卡钳轮缸；

（5）液压推动轮缸的活塞，产生压力，将摩擦片压紧到旋转的制动盘上；

（6）摩擦片在垂直压力的作用下产生摩擦力和制动力矩，对整车进行制动。

3）电子机械制动系统（EMB，见图 2‑3‑7）

电子机械制动系统 EMB 结构显得更简洁，其取消了制动系统的液压备份部分，踏板信号与执行器之间完全靠电子信号传输，与 ABS、TCS、ESC 等模块配合实现车辆底盘的集成控制，是真正的线控制动系统。EMB 结构精简，能够降低整车质量，易于维护，便于安装调试；完全解耦，制动响应更加迅速；便于智能驾驶技术的发展。

踏板信号以及车辆信号首先传导到 ECU，决策后再向 4 个车轮制动模块发出制动指令。车轮制动模块上的电动机驱动制动摩擦材料块，然后实现摩擦制动。每一个车轮都有一个制动模块，可以单独分别控制，每个模块的驱动电动机也都有单独的电动机控制器。在 4 个模块的作用下，可实现制动力分配、制动稳定性控制等功能。

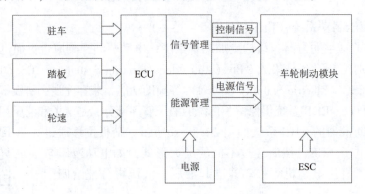

图 2‑3‑7　电子机械制动系统

4. 线控制动系统在自动驾驶中的作用

线控制动系统具有以下显著优点：

（1）提高汽车的制动性能。

对驾驶员来说，车轮的独立制动提高了制动性能，即使有一个车轮制动失灵，仍有 3 个车轮提供制动，保证了安全性。同时，线控制动系统能够优化制动防抱死功能和稳定性控制的性能，提高制动效能。

驻车制动器功用

（2）增加汽车的辅助制动功能。

线控制动系统作为新的制动平台，很容易增加辅助制动功能。

塞车辅助制动功能：此功能在发生塞车的情况下，驾驶员只需控制加速踏板，一旦把脚从加速踏板上挪开，系统会自动施加一定的制动力以减速停车。这样，驾驶员就不需要在加速踏板和制动踏板之间频繁地轮换。

起步辅助功能：当车辆在斜坡上处于停止状态时，迅速、有效地踩一下制动踏板，然后踩加速踏板，此功能就开始起作用，松开手制动，使车辆平稳起步，简化了通常比较麻烦的斜坡起步过程。

（3）其他方面的优点。

线控制动系统制造、装配、测试简单快捷，制动总成为模块化结构，减少了机械制动部件，更利于车厢布置，同时也提高了被动安全性，减轻了制动时产生的噪声，减少了制动液的使用，维护简单，利于环保。

5. 线控制动系统的控制方式/策略

控制方式：当用户需要制动时，整车控制器发送制动信息至制动电动机控制器，制动电动机控制器控制电动机推动液压缸进行制动，然后通过液压缸的液压传感器反馈油压信息至整车控制器。整车控制器通过油压信息判断制动情况，对制动驱动器的信号进行修正，并进行闭环控制。其控制原理图如图2-3-8和图2-3-9所示。

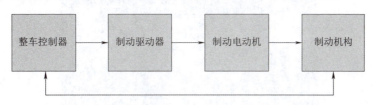

图2-3-8 系统组成结构、信号传递路径/方向框图

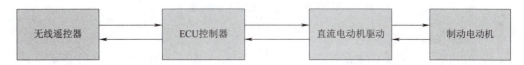

图2-3-9 线控驱动系统的相互关联性分析图

（二）安装线控底盘制动系统

技能实践

请按照技术规范要求对制动系统进行总体安装，并按照安装流程完成以下填空。

1. 制动器的组装

（1）将制动卡钳安装在_____上，将制动盘卡在两个制动片中间，然后拧紧固定螺杆，如图2-3-10所示。

图2-3-10 安装制动卡钳

（2）将两边的制动卡钳都安装完成之后，将螺栓安装到_____上，并将_____拧上，压力传感器一定要拧紧，否则会渗出油来影响排空，如图2-3-11所示。如果拧紧之后依然出现渗油的现象，则在安装压力传感器时加一个垫片。

图2-3-11 安装压力传感器

2. 制动系统排空

（1）将液压主缸顶上的螺丝拧下，打开_____的盖子，如图2-3-12所示。

（2）将液压主缸安装在排空工具上，如图2-3-13所示。

图2-3-12 打开液压主缸　　　　图2-3-13 将液压主缸安装在排空工具上

（3）将_____加入液压主缸中，然后盖上盖子，由两个人配合进行整个制动系统的排空。有两个制动卡钳就需要进行两次_____，先选择一边的卡钳，一位学员用专用8 mm扳手打开卡钳气嘴上的防尘罩，拧住气嘴上的螺钉，另一个学员操作排空工具上的踏板，如图2-3-14所示。

（4）用软管连接气嘴与一个容器，一人在车内踩_____次，然后用力将制动踏板踩至不动，另外一人在车外将气嘴上的_____扭松，此时空气会跟着油液一起被排出，如图2-3-15所示。

（5）重复进行上述操作，直至排出的油液中_____为止，补满_____后拧紧放气嘴即可，然后盖上防尘罩，进行另一边的排空。排空完成后将液压主缸的盖子上紧，从工具上取下即可。

图 2-3-14 排空操作

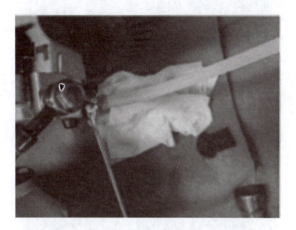

图 2-3-15 引导液压油将空气排出

3. 制动系统部件安装

(1) 组装制动电动机、钣金、销子、摆臂、推杆，如图 2-3-16 所示。

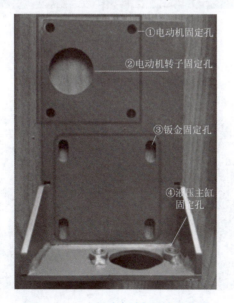

图 2-3-16 制动电动机固定孔位置

（2）安装_____与_____，如图2-3-17所示。

图2-3-17　安装制动系统部件

（3）将上一步中的_____安装在车身钣金上，将对应的_____对准，然后使用六角螺杆与螺母固定，如图2-3-18所示。

图2-3-18　固定制动电动机

（4）将主缸固定到_____上，然后调整摆臂与推杆的姿态，推进_____中，如图2-3-19所示。

图2-3-19　固定液压主缸

知识学习

随着电子技术的不断发展，传统的机械系统多数被电子元件代替，同样的，在车辆上也布满了各种各样的线控技术，线控制动系统将原有的制动踏板用一个模拟发生器替代，用以接收驾驶员的制动意图，产生、传递制动信号给控制和执行机构，并根据一定的算法模拟反馈给驾驶员。

线控制动
系统检修

1. 安装注意事项

（1）严格按照技术规范的标准文件进行安装。
（2）安装过程中，严禁野蛮操作损坏设备零件。
（3）需要紧固的部位要遵守紧固原则，分次进行紧固。
（4）对应标记模糊看不清的结构部件，严格按照零部件的结构原理进行安装。

2. 安装流程

（1）组装制动器。
（2）安装压力传感器。
（3）排制动系统空气。
（4）安装制动电动机摆臂与推杆。
（5）调整摆臂与推杆的姿态，推进液压主缸中。

四、知识考核

（一）填空题

（1）线控制动系统主要是由_____、_____、液压制动杆、_____等硬件组成。
（2）线控制动系统具有以下显著优点：_____、_____和_____。

（二）单项选择题

（1）制动机构由（　　）和液压油缸组成。
A. 压力传感器　　　　　　　　B. 爆震传感器
C. 加速传感器　　　　　　　　D. 液位传感器
（2）线控制动系统的类型有（　　）。
A. EPB　　　　　　　　　　　B. EHB
C. EMB　　　　　　　　　　　D. ABS

五、评价及总结

（一）自我评价

结合自己的学习过程及学习效果，对自己的学习主动性和效果进行自评，评价等级为优、良、合格和不合格，针对出现的失误进行反思，完善改进方向及改进措施。

评价维度		评价标准	评级
学习主动性	课前	课前预习，完成老师布置的课前任务	
	课中	积极思考，参与课堂互动，辅助老师完成教学演示或模拟练习	
	课后	及时总结，完成课后练习任务，及时向老师反馈学习建议	
学习效果		1. 能够正确说出制动控制路线	
		2. 能够正确安装线控底盘制动系统	
任务实施出现的失误			
改进的方向及措施			

（二）学生互评

通过提问、观察同学的演示以及上课的情况，对同学本次学习任务的效果开展评价，评价等级为优、良、合格和不合格，指出任务实施过程中出现的失误，给出改进建议。

小组成员姓名：_____

评价维度	评价标准	评级
学习效果	1. 能够正确说出制动控制路线	
	2. 能够正确安装线控底盘制动系统	
任务实施出现的失误		
建议		

任务四　测试与装调线控底盘转向系统

一、任务描述

智能网联汽车的线控底盘系统包括线控驱动系统、线控制动系统、线控转向系统三大系统。线控转向系统的英文全称是 Steer-By-Wire，它的出现突破了转向盘必须通过转向柱与转向轴硬连接的限制。本任务通过学习线控转向系统的相关内容，进行实验操作，以了解线控转向系统的组成，并掌握线控转向系统中各硬件之间的控制关系和信号传递关系。假如你是一名专业的调试人员，你应该能对智能网联汽车的线控转向进行测试与装调。

二、任务目标

实施步骤	素质目标	知识目标	技能目标
1. 认识线控转向系统	1. 培养严谨规范的职业意识和精益求精的工匠精神； 2. 树立团结合作、热心奉献的职业素养	能够识别线控转向系统的作用、分类、组成和控制原理	能够正确说出转向控制路线
2. 安装线控转向系统		能够掌握线控转向系统的安装注意事项和安装流程	能够正确安装线控转向系统

三、实施步骤

（一）认识线控转向系统

技能实践

（1）识别线控转向系统硬件组成。

智能网联汽车线控转向系统零部件如图 2-4-1 所示，请指出各零部件的名称，并填入表 2-4-1 中。

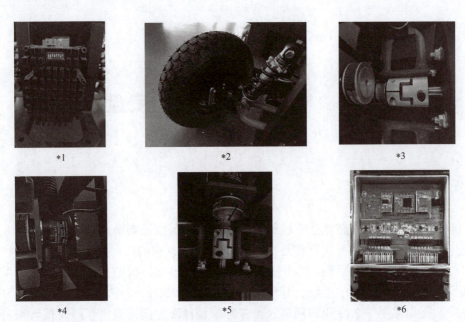

图 2-4-1 智能网联汽车线控底盘转向系统

表 2-4-1 线控转向系统硬件组成名称

序号	零部件名称	序号	零部件名称
*1		*4	
*2		*5	
*3		*6	

（2）请在表 2-4-2 中写出线控转向系统零部件安装位置及作用。

表 2-4-2 线控转向系统零部件安装位置及作用

序号	零部件名称	安装位置	作用
*1	转向驱动电动机		
*2	绝对角度传感器		
*3	同步轴		
*4	转向轮		
*5	联轴器		

（3）请填写图 2-4-2 和图 2-4-3 所示线控转向系统的控制关系图以及相互关联性分析图。

图 2-4-2 线控转向系统的控制关系图

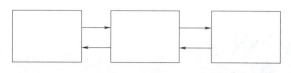

图 2-4-3　相互关联性分析图

知识学习

1. 线控转向系统

汽车线控转向系统取消了转向盘和转向轮之间的机械连接，完全摆脱了传统转向系统的各种限制，不但可以自由设计汽车转向的力传递特性，而且可以设计汽车转向的角传递特性，给汽车转向特性的设计带来了更大的空间，是汽车转向系统的重大革新。

线控转向系统由转向盘模块、转向执行模块和主控制器（ECU）3个主要部分以及自动防故障系统、电源等辅助模块组成。转向盘总成通过测量转向盘转角将驾驶员的转向意图转换成数字信号，并传递给主控制器；主控制器对采集的信号进行分析处理，判别汽车的运动状态，向转向执行总成发送指令，通过转向电动机控制器控制转向车轮转动，实现驾驶员的转向意图。同时，主控制器向转向盘回正力矩电动机发送力矩信号，产生转向盘回正力矩，以提供给驾驶员相应的路感信息。如图2-4-4所示。

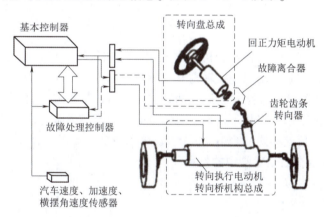

图 2-4-4　汽车线控转向系统结构

2. 线控转向系统组成

线控转向系统的组成部分有转向驱动电动机、绝对角度传感器、同步轮、联轴器和整车控制器。

1）转向驱动电动机的作用

该电动机可以采用步进电动机，转向驱动电动机和驱动电动机主要的区别在于，转向驱动电动机起到转向作用，而驱动电动机则是令该机器做运动，如图2-4-5所示。

2）绝对角度传感器

绝对角度传感器采用的是绝对式旋转光电编码器，绝对是相对于增量而言的，顾名思义，所谓绝对就是编码器的输出信号在一周或多周运转的过程中，其每一位置和角度所对应的输出编码值都是唯一对

线控主动转向系统

方向盘转角传感器类型

应的，如图2-4-6所示。

图2-4-5 转向驱动电动机

图2-4-6 绝对角度传感器

3）同步轮作用

（1）同步轮安装调整起来方便快捷，省时又高效，可有效节省3~5倍的工时，且无须额外钻孔拉键槽。

（2）同步轮的物理自动锁紧轴套设计有效避免了隐性公差损坏，且在间隙或公差误差偏大时会自动锁紧。

4）联轴器作用

联轴器又称联轴节，用来将不同机构中的主动轴和从动轴牢固地连接起来一同旋转，以传递运动和扭矩，有时也用以连接轴与其他零件（如齿轮、带轮等）。联轴器常由两半合成，分别用键或紧配合等连接，紧固在两轴端，再通过某种方式将两半连接起来。联轴器可补偿两轴之间由于制造安装不精确、工作时的变形或热膨胀等所发生的偏移（包括轴向偏移、径向偏移、角偏移或综合偏移），以及缓和冲击、吸振。

3. 线控转向系统在自动驾驶中的作用

线控转向系统具有以下显著优点：

1）改善汽车的操纵性

改善汽车的操纵性可以实现传动比的任意设置，并对随车速变化的参数进行补偿，使汽车转向特性不随车速变化。

2）提高汽车的稳定性

线控转向系统可通过前轮转向的控制实现DYC控制系统功能，且可以与其他主动安全设备相结合，实现对汽车的整体控制，提高其稳定性。

3）改善驾驶员的路感

由于转向盘和转向车轮之间无机械连接，故驾驶员"路感"通过模拟生成，可以从信号中提出最能够反映汽车实际行驶状态和路面状况的信息，作为转向盘回正力矩的控制变量，使转向盘仅向驾驶员提供有用信息，从而为驾驶员提供更为真实的"路感"。

4）其他方面的优点

线控转向系统在需要转向时电动机才有功率输出，省去了传递效率极低的皮带传动，减少了燃油消耗。线控转向系统中取消了液压助力，从而避免了液压油泄漏、液压油管和油封等废弃物对环境造成的污染。其取消了转向柱、皮带轮皮带等部件，给发动机舱节省了空间，并给总布置带来了很大的方便。采用了取消转向盘的线控转向系统后，减少了危险发生时对驾驶员的伤害。

4. 线控转向系统的控制方式/策略

线控转向系统控制方式：当用户需要转向时（假设需要转 30°），整车控制器发送转角信息至转向电动机控制器，控制步进电动机转动设定的角度。由于环境、机械结构等因素，实际转角与设定转角会有一些偏差（比如只转了 29.6°），通过用编码器检测实际旋转的角度，并将数据传给整车控制器进行误差处理，再对转角进行修正，进行闭环控制，如图 2-4-7 和图 2-4-8 所示。

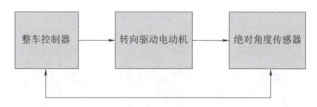

图 2-4-7　系统组成结构、信号传递路径/方向框图

图 2-4-8　线控驱动系统的相互关联性分析图

（二）安装线控底盘转向系统

技能实践

请按照技术规范要求对转向系统进行总体安装，并按照安装流程完成如下填空：

（1）连接_____与_____，如图 2-4-9 所示。

（2）将_____安装到编码器固定钣金上，如图 2-4-10 所示。

图 2-4-9　安装转向机与同步轮

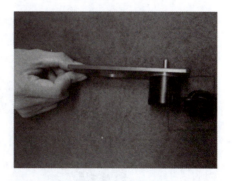

图 2-4-10　安装编码器

（3）连接转向机与编码器固定钣金。

将_____拼接到固定钣金上，如图 2-4-11 所示。

图 2-4-11　安装固定螺杆和螺帽

（4）安装_____，如图 2-4-12 所示。

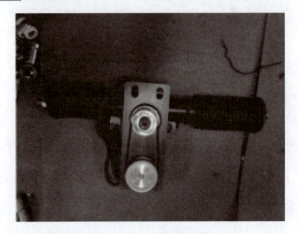

图 2-4-12　安装皮带

（5）安装联轴器到转向机。

将联轴器两端拆下来，将连接转向机的一端安装在转向机的_____上，如图 2-4-13 所示。

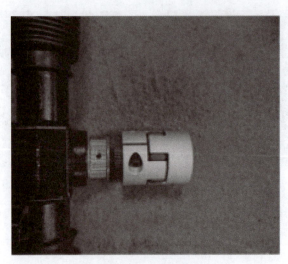

图 2-4-13　安装联轴器

（6）固定转向机到底盘框架上。

左右两个摆臂安装完成之后，将转向机与编码器固定的钣金固定到底盘框架上，如图2-4-14所示。

序号	名称
①	_____
②	_____
③	_____

图2-4-14　固定转向机

（7）在转向机上安装_____，如图2-4-15所示。

图2-4-15　安装轴承

（8）安装减震器。

①按照图2-4-16所示将减震器连接_____与_____（有调节器的一端连接框架）。

图 2-4-16 安装减震弹簧

②调节减震器,将转向节使劲向下压,使_____上的弹簧处于放松状态,此时转动顶部的齿轮状固定螺母,将其转动到黑色塑胶与白色螺纹交接的位置,如图 2-4-17 所示。

图 2-4-17 弹簧正向朝上

知识学习

转向盘总成的主要功能是将驾驶员的转向意图(通过测量方向盘转角)转换成数字信号,并传递给主控制器;同时接受主控制器送来的力矩信号,产生转向盘回正力矩,以提供给驾驶员相应的路感信息。

转向执行总成的功能是接受主控制器的命令,通过转向电动机控制器控制转向车轮转动,实现驾驶员的转向意图。

主控制器对采集的信号进行分析处理,判别汽车的运动状态,向转向盘回正力矩电动机和转向电动机发送指令,控制电动机的工作,保证在各种工况下都具有理想的车辆响应,以减少驾驶员对汽车转向特性随车速变化的补偿任务,减轻驾驶员负担。同时控制器还可以对驾驶员的操作指令进行识别,判定在当前状态下驾驶员的转向操作是否合理。当汽车处于非稳定状态或驾驶员发出错误指令时,线控转向系统会将驾驶员错误的转向操作屏蔽,而自动进行稳定控制,使汽车尽快地恢复到稳定状态。

1. 安装注意事项

（1）严格按照技术规范的标准文件进行安装。
（2）安装过程中,严禁野蛮操作,以免损坏设备零件。
（3）需要紧固的部位要遵守紧固原则,分次进行紧固。
（4）对应标记模糊不清的结构部件,严格按照零部件的结构原理进行安装。

2. 安装流程

（1）连接转向机与同步轮。
（2）将旋转编码器安装到编码器固定钣金上。
（3）连接旋转编码器与同步轮。
（4）连接转向机与编码器固定钣金。
（5）安装同步轮皮带。
（6）将联轴器安装到转向机上。
（7）将摆臂安装到底盘框架钣金上。
（8）将转向机固定到底盘框架上。
（9）安装转向电动机。
（10）在转向机上安装鱼眼关节轴承。
（11）将转向节安装到摆臂上。
（12）安装减震器。
（13）将轮速传感器信号盘安装到转向轮上。
（14）安装转向轮。
（15）安装轮速传感器探头。

线控转向
系统检修

齿轮齿条式
转向器工作原理

知识拓展

1. 伺服电动机

伺服电动机（Servo Motor）是指在伺服系统中控制机械元件运行的发动机,是一种补助电动机间接变速的装置。

伺服电动机可使控制速度、位置精度非常准确,并可将电压信号转化为转矩和转速,以驱动控制对象。伺服电动机转子转速受输入信号控制,并能快速反应,在自动控制系统中用作执行元件,且具有机电时间常数小、线性度高等特性,可把所接收到的电信号转换成电动机轴上的角位移或角速度输出。其分为直流和交流伺服电动机两大类,主要特点是:当信号电压为零时无自转现象,转速随着转矩的增加而匀速下降。

2. 角度传感器

角度传感器按照输入的物理量可分为倾角传感器、角速度传感器、角加速度传感器等。

1）倾角传感器

倾角传感器又称作倾斜仪、测斜仪、水平仪、倾角计,经常用于系统的水平角度变化测量。例如，高精度激光仪器水平检测、工程机械设备调平、高空平台安全保护、定向卫星通信天线的俯仰角测量、船舶航行姿态测量、大坝检测、地质设备倾斜监测、火炮炮管初射角度测量、雷达车辆平台检测、卫星通信车姿态检测，等等。

2）角速度传感器

角速度传感器也称为陀螺仪，是用高速回转体的动量矩敏感壳体相对惯性空间绕正交于自转轴的一个或二个轴的角运动检测装置。

3）角加速度传感器

角加速度传感器是指能够测量角加速度，并将测量的结果转化成可用的模拟或数字信号的仪器，广泛应用于无人机、军工、大坝、建筑、玩具、汽车、铁路、地质仪器、建筑仪器等。

齿轮式转角传感器工作原理

四、知识考核

（一）填空题

（1）线控转向系统的组成部分包括_____、_____、_____、联轴器和_____。

（2）联轴器又称_____，用来将不同机构中的_____和_____牢固地连接起来一同旋转，以传递运动和扭矩。

（3）当用户需要转向时（假设需要转30°），整车控制器发送转角信息至转向_____，控制步进电动机转动设定的角度。

（4）线控转向系统具有以下显著优点：_____、_____和_____。

（二）单项选择题

（1）角度传感器按种类分可以分为（　　）。
A. 倾角传感器　　　　　　　　B. 角速度传感器
C. 角加速度传感器　　　　　　D. 以上都是

（2）线控转向系统具有的优点包括（　　）。
A. 改善汽车操纵性　　　　　　B. 提高汽车稳定性
C. 改善驾驶员路感　　　　　　D. 以上都是

五、评价及总结

（一）自我评价

结合自己的学习过程及学习效果，对自己的学习主动性和效果进行自评，评价等级为优、良、合格和不合格，针对出现的失误进行反思，完善改进方向及改进措施。

评价维度		评价标准	评级
学习主动性	课前	课前预习，完成老师布置的课前任务	
	课中	积极思考，参与课堂互动，辅助老师完成教学演示或模拟练习	
	课后	及时总结，完成课后练习任务，及时向老师反馈学习建议	
学习效果		1. 能够正确说出转向控制路线	
		2. 能够正确安装线控底盘转向系统	
任务实施出现的失误			
改进的方向及措施			

（二）学生互评

通过提问、观察同学的演示以及上课的情况，对同学这次学习任务的效果开展评价，评价等级为优、良、合格和不合格，指出任务实施过程中出现的失误，给出改进建议。

小组成员姓名：_____

评价维度	评价标准	评级
学习效果	1. 能够正确说出转向控制路线	
	2. 能够正确安装线控底盘转向系统	
任务实施出现的失误		
建议		

任务五　测试线控底盘系统

一、任务描述

智能网联汽车的线控底盘系统通过电信号代替机械传动部件，实现对汽车动力输出的主动控制，符合底盘执行机构标准化、模块化、运算控制集成化、协同化的发展趋势。本次任务通过学习线控底盘系统相关内容，进行实验操作，能够正确地设定与使用遥控器以及对线控底盘系统进行测试与故障排除，并掌握线控底盘系统中各模块的控制关系和信号传递关系。假如你是一名专业调试人员，应该能对智能网联汽车的线控底盘系统进行测试。

二、任务目标

实施步骤	素质目标	知识目标	技能目标
1. 遥控器的使用与设置	1. 培养严谨规范的职业意识和精益求精的工匠精神； 2. 树立团结合作、热心奉献的职业素养	能够掌握遥控器的使用方法与功能设定	能够正确地设定与使用遥控器
2. 测试线控底盘系统		能够掌握线控底盘系统的测试方法与排除故障的思路	能够对线控底盘系统进行测试与故障排除

三、实施步骤

（一）遥控器的使用与设置

技能实践

（1）认识遥控器，请你根据航模遥控器图 2-5-1 填写表 2-5-1。

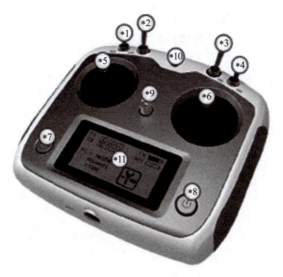

图 2-5-1　航模遥控器

表 2-5-1　线控转向系统硬件组成名称

序号	按键名称	作用
*1		
*2		
*3		
*4		
*5		
*6		
*7		
*8		
*9		
*10		
*11		

(2) 请你完成人工遥控驱动无人驾驶小车操作步骤。

①先将线控底盘放置到比较安全的姿态。

②打开线控底盘电源,顺序为:先打开_____,再打开_____,最后打开_____。

③打开遥控器电源,同时按下遥控器的_____即可。

④在拨杆 SWC 选择前进挡,遥控器控制线控底盘_____。

⑤在拨杆 SWC 选择倒退挡,遥控器控制线控底盘_____。

⑥在拨杆 SWB 选择手动模式,在拨杆 SWC 选择前进挡,往前拨动左摇杆,遥控器控制线控底盘_____。

⑦在拨杆 SWB 选择手动模式,在拨杆 SWC 选择前进挡,往后拨动左摇杆,遥控器控制线控底盘_____。

⑧向左拨动右摇杆，遥控器控制线控底盘_____。
⑨向右拨动右摇杆，遥控器控制线控底盘_____。

知识学习

1. 遥控器功能介绍

信号接收器：该部件的功能主要就是接收遥控器发送的信号，根据其天线安装的位置与规格，能够接收到信号的最远距离会有所不同，最理想情况下能接收到 400 m 左右的遥控信号。

遥控器：输出控制信号，遥控底盘进行运动，实现包括转向、制动、加速、模式切换、挡位切换、远程紧急制动等遥控功能。

图 2-5-2 (a) 所示为遥控器本体，图 2-5-2 (b) 所示为遥控信号接收器。

以上便是在遥控器包装中我们需要用到的部件，接下来我们需要用到图 2-5-3 所示的部件对遥控信号接收器进行改装，使其能够安装在整车控制器的电路板上，以及接收更远距离的信号。

(a)　　　　　　　　　　(b)

图 2-5-2　遥控器及接收器
(a) 遥控器；(b) 信号接收器

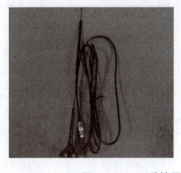
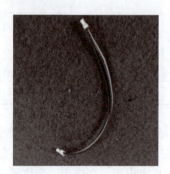

图 2-5-3　遥控天线与接收器连接线

2. 遥控器连接设置

装好天线及接收器后，就可以将无线遥控器和接收器进行匹配。首先，将无线遥控器的所有开关拨到最上面的位置，接着双手同时按遥控器的两个电源键，等待遥控器屏幕亮起就可以松开电源键，如图 2-5-4 所示。然后进入设置并找到功能中的对码，单击对码的同时需要一直按住接收器上的按钮并打开 VCU 电源，当持续按接收器上的按钮 15 s 后，单击遥控器的返回键，如果信号接收器的红热 LED 灯为常亮，则证明遥控器匹配已经成功，如图 2-5-5 和图 2-5-6 所示。

图 2-5-4　刚开机的无线遥控器示意图

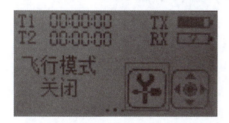 

图 2-5-5　无线遥控器设置及进入设置的示意图

图 2-5-6　无线遥控器和信号接收器匹配示意图

信号接收器和无线遥控器匹配完以后，还需要设置其操作功能。进入设置并找到功能中的辅助通道，找到通道 5 设置为开关 SWA，如图 2-5-7 所示。用同样的方法，对无线遥控器的通道 6 至 10 依次进行设置。

图 2-5-7　无线遥控器设置辅助模式的示意图

3. 遥控器的介绍（见图 2-5-8）

*1—拨杆 SWA，遥控器出厂已经预置了按键的映射，请勿随意更改按键映射，更改后可能会导致无法正常控制。

*2—拨杆 SWB 切换控制模式，有三种模式，分别是手动控制模式、自动驾驶模式和指令控制。

*3—拨杆 SWC 控制速度模式，有三种模式，分别为前进、停止、倒退。

*4—拨杆 SWD 为手动灯光控制开关（即小车上的灯光控制，SWC 拨杆拨至最下方为常闭模式，中间为常开模式，最上方为呼吸灯模式）。

*5—左摇杆控制前进、后退。

*6—右遥杆控制车子左旋转和右旋转（即左右转向）。

*7、*8—电源开关按键，同时按下即开机。值得注意的是，在内部控制上移动底盘是根据百分比映射的，因此当摇杆处于同一个位置时，其速度是恒定的。

*9—手机/平板固定支架接口。

*10—吊环接口。

*11—液晶显示面板。

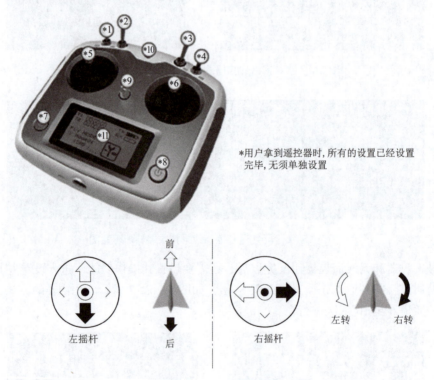

*用户拿到遥控器时，所有的设置已经设置完毕，无须单独设置

图 2-5-8 遥控器介绍

4. 人工遥控驱动无人驾驶小车操作步骤

（1）先将线控底盘设置到比较安全的姿态（如用到线控驱动或担心被碰触到驱动时，需要把线控底盘驱动轮架空），如图 2-5-9 所示。

（2）打开线控底盘电源，顺序是先打开电源开关，再打开预充开关，静待 5 s，最后打开启动开关，如图 2-5-10 所示。

（3）打开遥控器电源，同时按下遥控器的两个电源键即可，如图 2 – 5 – 11（a）所示。

图 2 – 5 – 9　放置线控底盘

图 2 – 5 – 10　打开线控底盘电源

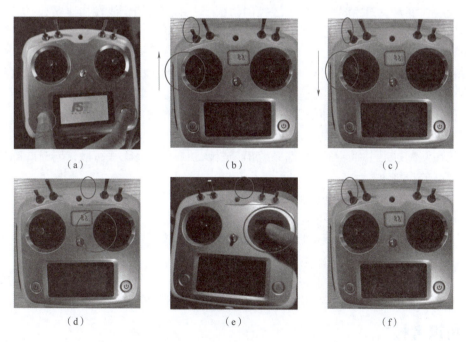

图 2 – 5 – 11　操作遥控功能

(a) 打开遥控器电源；(b) 控制线控底盘前进；(c) 控制线控底盘后退；
(d) 控制线控底盘左转；(e) 控制线控底盘右转；(f) 线控底盘模式选择

(4) 在拨杆 SWB 选择手动模式，在拨杆 SWC 选择前进挡，遥控器控制线控底盘前进，如图 2-5-11 (b) 所示。

(5) 在拨杆 SWC 选择倒退挡，遥控器控制线控底盘后退，如图 2-5-11 (c) 所示。

(6) 在拨杆 SWB 选择手动模式，在拨杆 SWC 选择前进挡，往前拨动左摇杆，遥控器控制线控底盘加速，如图 2-5-11 (f) 所示。

(7) 在拨杆 SWB 选择手动模式，在拨杆 SWC 选择前进挡，往后拨动左摇杆，遥控器控制线控底盘减速，如图 2-5-11 (f) 所示。

(8) 向左拨动右摇杆，遥控器控制线控底盘左转向，如图 2-5-11 (d) 所示。

(9) 向右拨动右摇杆，遥控器控制线控底盘右转向，如图 2-5-11 (e) 所示。

(二) 测试线控底盘系统

技能实践

请对蜂鸣器报警声响进行分析：

(1) 一声：_____信号丢失。

(2) 二声：线控_____故障，检查转向电动机工作状态及线束连接、旋转编码器线束连接状态。

(3) 三声：线控_____故障，检查制动电动机工作状态及油压传感器线束连接与信号状态。

知识学习

车辆线控底盘关键由线控转向、线控制动系统、线控换挡、线控加速踏板及其线控悬架五大系统构成。线控底盘是无人驾驶与新能源车正中间的一个契合点，它是完成自动驾驶的重要媒介。

线控系统是执行机构和控制组织二者没有套筒连接和机械设备力量的传送，驾驶员的使用命令根据感应器件认知，再选用电子信号等方式历经互联网传送给执行机构与电子器件控制器。其中，执行机构运用外界电力能源来完成对应的每日任务，而其实施的全过程和运行结果受电子器件控制器的控制与检测。

车辆在测试过程中如果线控底盘系统出现故障，则车辆将无法行驶，同时蜂鸣器会发出不同类型的报警声。

(1) 当听到蜂鸣器发出一声提示音时，说明遥控器与车辆未通信，遥控器信号丢失，需检查遥控器是否能正常开启、是否切换为手动控制模式。

(2) 当听到蜂鸣器发出两声提示音时，说明线控转向系统故障，需检查转向电动机工作状态及线束连接、旋转编码器线束连接状态。

(3) 当听到蜂鸣器发出三声提示音时，说明线控制动系统故障，需检查制动电动机工作状态及油压传感器线束连接与信号状态，同时观察制动油管是否有漏油现象。

四、知识考核

填空题

(1) SWD 控制速度模式，有三种模式，分别为_____、_____、_____。

(2) 拨杆 SWB 切换控制模式，有三种模式，分别是_____、_____和_____。
　　(3) 打开线控底盘电源，顺序是先打开_____，再打开_____，静待 5 s，最后打开启动开关。
　　(4) 遥控器输出控制信号，遥控底盘进行运动，实现包括_____、_____、_____、模式切换、_____、_____等遥控功能。
　　(5) 遥控器有_____电源键，须_____按下才能开机。

五、评价及总结

(一) 自我评价

　　结合自己的学习过程及学习效果，对自己的学习主动性和效果进行自评，评价等级为优、良、合格和不合格，针对出现的失误进行反思，完善改进方向及改进措施。

评价维度		评价标准	评级
学习主动性	课前	课前预习，完成老师布置的课前任务	
	课中	积极思考，参与课堂互动，辅助老师完成教学演示或模拟练习	
	课后	及时总结，完成课后练习任务，及时向老师反馈学习建议	
学习效果		1. 能正确地设定与使用遥控器	
		2. 能够对线控底盘系统进行测试与故障排除	
任务实施出现的失误			
改进的方向及措施			

(二) 学生互评

　　通过提问、观察同学的演示以及上课的情况，对同学这次学习任务的效果开展评价，评价等级为优、良、合格和不合格，指出任务实施过程中出现的失误，给出改进建议。
　　小组成员姓名：_____

评价维度	评价标准	评级
学习效果	1. 能正确地设定与使用遥控器	
	2. 能够对线控底盘系统进行测试与故障排除	
任务实施出现的失误		
建议		

项目三

定位导航系统测试与装调

【项目描述】

高精度定位是车辆实现自动驾驶的前提,它用于支撑自动驾驶车辆的全局路径规划和辅助自动驾驶车辆的变道、避障策略。不同的场景特点、不同的驾驶自动化级别、不同的精度要求、不同的传感器配置也催生了异常丰富的高精度定位方法,在多传感器融合的技术路线指引下,融合定位已成为高精度定位的主流方案,以便提供更加精确、可靠、稳定的高精度定位方案。而对于自动驾驶车辆全局定位来说,功能最为强大的应为融合 GNSS 和 INS 于一身的高精度组合导航。本项目主要学习 GNSS 和 INS 融合的组合导航的结构组成和功能作用,掌握组合导航的品质检测与定位安装,并能根据企业标准进行组合导航的标定与测试。本项目包含 1 个工作任务:

任务 安装与调试组合导航系统

通过完成工作任务,能够独立完成导航定位系统的检测,能根据安装示意图定位安装组合导航,能根据标准进行标定与整车循迹功能测试,为自动驾驶环境感知系统测试打基础。

任务 安装与调试组合导航系统

一、任务描述

智能网联汽车定位系统主要依靠导航系统并结合高精度地图实现车身实时变化位置的定位。智能网联汽车上路之前必须安装测试定位系统。小王已经组装好智能网联汽车底盘，现在需要安装测试定位系统，以此支持智能网联汽车实现自动导航，对此，小王感到非常困惑。本任务就让我们一起帮小王了解并掌握使用工具安装测试智能网联汽车定位系统。

二、任务目标

实施步骤	素质目标	知识目标	技能目标
1. 认识并检查组合导航	1. 培养自主学习及解决实际问题的能力； 2. 培养爱岗敬业的职业道德； 3. 培养爱岗敬业、严谨务实的工匠精神； 4. 培养团结协作的职业素养	1. 了解定位系统测试软件； 2. 了解定位系统测试的步骤	1. 会使用定位系统测试软件； 2. 能使用测试软件进行测试组合导航参数
2. 安装与调试组合导航		1. 了解导航系统安装的要求； 2. 掌握组合导航的调试流程	1. 能按要求安装组合导航系统； 2. 能通过系统完成组合导航标定配置
3. 测试组合导航		1. 掌握测试要求与故障诊断； 2. 掌握组合导航的测试流程	1. 能处理无法导航的故障； 2. 能按标准对组合导航系统进行实车测试

三、实施步骤

（一）认识并检查组合导航

技能实践

（1）在表3-1-1中写出图3-1-1所示①~⑦对应的名称。

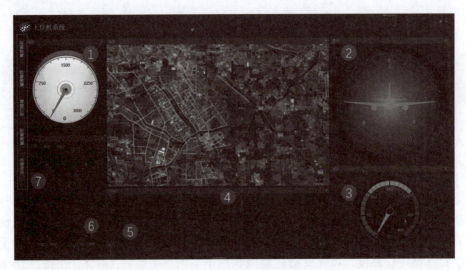

图 3-1-1 组合导航上位机操作界面

表 3-1-1 组合导航上位机操作界面各项名称及作用

序号	名称	作用
①		
②		
③		
④		
⑤		
⑥		
⑦		

(2) 定位系统测试软件可以实现_____、_____、_____的信息，还可以实时_____。

知识学习

1. 车辆定位系统

车辆定位系统（Vehicle Positioning System）是由全球卫星定位系统（GNSS）和地理信息系统（GIS）组成的，它可以实现对车辆的跟踪、定位、车辆速度测量、行车路线设计（路径规划）、路径引导服务、综合服务及移动通信功能。

卫星定位技术类型

2. 定位系统的方式

(1) 基于电子信号的定位技术，如移动通信、全球卫星定位系统（GNSS）、超宽带地面无线定位技术（UWB）和 Wifi 等。

①移动通信定位。图 3-1-2 所示为通过无线通信技术对无线电波进行接收，再通过相应算法对无线电波包含的相位、传输时间等信息进行计

GPS 系统组成

算，进而获得其目标位置。

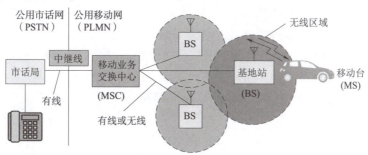

图 3-1-2 移动通信定位

②全球卫星定位系统（GNSS）。图 3-1-3 所示为一种天基无线电定位系统，通过接收机接收卫星发射的信号，根据信号发射和接收的时间差或者信号的载波相位来确定卫星与接收机之间的直线距离。

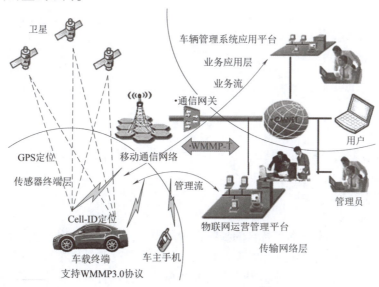

图 3-1-3 GNSS 与车辆管理原理

③超宽带地面无线定位技术（UWB）。图 3-1-4 所示为一种无线载波通信技术，利用纳秒级的非正弦波窄脉冲传输数据，因此其所占的频谱范围很宽，与其他定位技术相比，它具有更好的性能，精度更高。

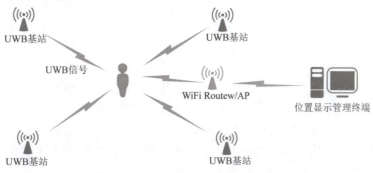

图 3-1-4 超宽带地面无线定位技术

(2) 基于航迹推算的定位技术, 如惯导技术 (INS)、里程计技术 (DR)。

①惯导技术 (INS) 是通过利用各种惯性传感器测量载体的速度、加速度、位移、航向等信息, 解算出载体在惯性坐标系中的相对位置。

②里程计技术 (DR) 是一个借助于先前已知位置, 以及估计出的速度 (包含速率和方向) 随时间的变化量来推导出当前位置的过程, 属于自主导航, 即通过车速传感器和回转仪、惯导系统, 根据车辆的行驶轨迹计算车辆的相对位置 (见图 3-1-5), 从而测定当前位置。

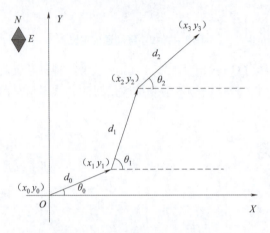

图 3-1-5 时间变化量与位置的关系

(3) 基于环境特征匹配的定位技术, 如基于激光雷达的定位与建图技术、基于视觉传感器的定位与建图技术。

3. 组合导航系统的认知

1) 组合导航系统

由于每种单一导航系统都有各自的独特性和局限性, 如果把几种不同的单一系统组合在一起, 就能利用多种信息源互相补充, 构成一种有多维度和导航准确度更高的多功能系统。组合导航系统就是这样一种利用计算机和数据处理技术将运载体上的两种或两种以上的导航设备组合在一起的导航系统。组合导航系统是用以解决导航定位、运动控制、设备标定对准等问题的信息综合系统, 是网络化导航系统发展的必然趋势, 具有高精度、高可靠性、高自动化程度的优点。

2) GPS 与惯性导航系统组合

对比惯性导航与 GPS 导航方法, 二者都有其各自的优缺点。惯性导航系统是一种全自主的导航系统, 可以输出超过 200 Hz 的高频信号, 并且具有较高的短期测量精度。其除了提供位置与速度之外, 还可以提供姿态信息。但由于算法内部存在积分, 故惯性传感器的误差会不断累积, 使得长期导航误差无限制增长。与惯性导航相反, GPS 具有良好的长期精度, 导航误差大致为几米, 设备成本低。但是, 其短期精度与输出频率较低。一个常规的 GPS 接收机通常无法提供姿态信息, 除非采用一些额外的硬件或软件。此外, 全球卫星导航系统需要依靠至少 3 颗卫星 (4 颗) 的信号, 而卫星信号通常会受到高层建筑、树木、隧道、大气以及多路径效应的干扰。从上述特点来看, 惯性导航与 GPS 具有较好的互补特性, 将二者集成可以得到比单一导航系统稳定性更好、精度更高的导航方案。组合导航系统可以输出高频率的导航参数信息（位置、速度、姿态），并且在长、短期的导航过程中均能具备较高的精度；GPS+惯性组合导航模块将 GPS 卫星导航和惯性导航结合在一起使用，可以轻松应对这几种场景下无法精准定位的问题，例如在高楼林立的建筑群、在浓密的树荫下等 GNSS 系统的信号精度降低的情况下使用；或是在车辆过穿山隧道、车辆在地下停车场行驶等丢失卫星信号的情况下使用。

3）组合导航在智能汽车上的应用

车载 GPS 在日常导航过程中经过隧道、高架桥、密林小路、高楼林立的窄道等地段时，会出现 GPS 信号丢失、导航失灵的现象，当车辆行驶到开阔的地面环境后，GPS 信号才会重新连接。而配备有组合导航系统的智能网联汽车在行驶过程中，若车载 GPS 失去车辆的位置信息，则惯性导航系统能根据已知车辆的速度、位置和行驶路线等信息，结合加速度传感器提供的加速度，按照一定的算法推算出车辆的最新位置，使得车辆仍然可以在一定时间内按照正确路线正常行驶。

4. 检查组合导航的基本要求

1）定位系统测试软件在电脑上的运行要求

①CPU：pentium 4、Intel 2.0 GHz 以上；

②内存：1 GB；

③硬盘：大于 30 GB；

④操作系统：Windows 7 或 Windows 10；

⑤Microsoft . NET Framework 版本在 4.0 及以上。

2）定位系统测试软件可以实现的功能

定位系统测试软件可以实现的三轴姿态、经纬高度位置、三轴速度以及前后天线接收卫星数量的信息，还可以实时显示偏航角曲线，它的界面如图 3-1-6 所示。在图 3-1-6 中：①表示高度；②表示航姿罗盘，其包括航向角、俯仰角和横滚角；③表示水平高度；④表示地图轨迹；⑤表示命令输入窗口；⑥表示前后天线接收的卫星数量；⑦表示设备配置选项。

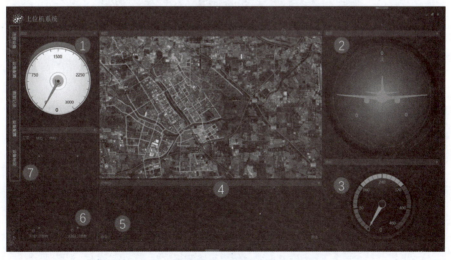

图 3-1-6 定位系统测试软件界面（一）

5. 组合导航系统测软件设置步骤

（1）找到组合导航连接线的 USB 接口线，如图 3-1-7 所示。

图 3-1-7　组合导航与接口

（2）将 USB 软件连接到 Windows 10 电脑的 USB 接口，如图 3-1-8 所示。

图 3-1-8　测试计算机

（3）安装并打开定位系统测试软件，如图 3-1-9 所示。

图 3-1-9　定位系统测试软件

（4）单击定位系统测试软件界面左上角的连接设备，如图 3-1-10 所示。

图 3-1-10　定位系统测试软件界面（二）

（5）"串口号"显示"COM4"，"波特率"选择"115200"，"数据位"选择"8"，"校验位"选择"无（None）"，"停止位"选择"1"，然后单击打开串口，如图 3-1-11 所示。

图 3-1-11　串口设置界面

（6）如图 3-1-12 所示，成功打开串口后，在控制台会出现跳动的数字；如果出现跳动的不是数据而是乱码的字符，那么就需要在命令栏依次输入以下指令：

①恢复出厂设置指令：＄cmd, factory, reset * ff。

②保存命令：＄cmd, save, config * ff。

③USB 口输出协议：＄cmd, output, usb0, gpfpd, 0.1 * ff。

（7）在左上角选择并进入设备配置，配置 COM0 口输出 100 Hz 的 GPFPD 消息，选择输出端口为 COM0，输出格式为 gpfpd，输出频率为 0.01（Null 为关闭输出），勾选右上角的"保存设置"，单击"应用"按钮即配置成功，如图 3-1-13 所示。

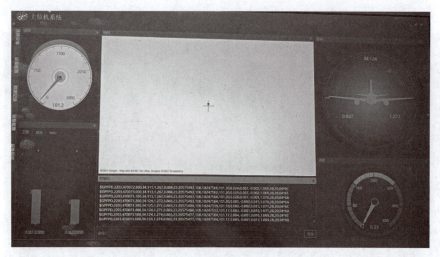

图 3-1-12 设置串口的界面

图 3-1-13 配置 COM0 界面

（8）保持 GPS 透传协议、串口、脉冲输入端口模式、初始经纬度为默认设置。

（9）配置 GNSS 杆臂值 X 向相对位移、Y 向相对位移、Z 向相对位移的参数。

①测量组合导航中心到主天线 X 方向的距离，其值为 0 m；

②测量组合导航中心到主天线 Y 方向的距离，其值为 -0.7 m（图 3-1-14 中的①）；

③测量主天线从组合导航中心平面到顶 Z 方向的距离为 0.1 m（图 3-1-14 中的②），然后在杆臂值参数栏分别输入测量到 $X=0$、$Y=-0.7$、$Z=0.1$ 的值，并单击"应用"按钮，如图 3-1-14 所示。

（10）设置 NAVMOADE 模式，导航选择"gnss"模式，状态选择"none"，单击"应用"按钮。

（11）设置 USB 输出格式，保持默认输出并单击"应用"按钮。

（12）网口参数设置，保持本地 IP 地址、本地子网掩码、本地网关、网络服务器地址（端口）为默认设置，用户名与密码输入千里千寻的账号密码（注意使用"，"隔开），输入挂载点，并单击"应用"按钮。

（13）航向补偿参数设置，根据测量的航向角输入航向补偿参数，并单击"应用"按钮，此时在定位系统软件上设置并配置完成。注意：安装水平时航向角为 0°。

（14）完成上面的步骤后，单击数据记录。数据记录选项可以对输出的数据进行保存操作，在需要时可将保存的数据导出进行分析处理，或者进行回放处理。

项目三 定位导航系统测试与装调

图 3-1-14 设置杆臂值界面

（二）安装与调试组合导航

技能实践

（1）组合导航主机安装模式见表 3-1-2。

表 3-1-2 组合导航主机安装模式

序号	载体坐标 Y 轴	双天线安装方向	天线补偿角度
1	↑		
2	↑		
3	↑		

(2) 计算实训车辆杆臂值并填写表 3-1-3。

表 3-1-3　实训车辆杆臂值

项目	定义	数值单位
x_offset		
y_offset		
z_offset		

知识学习

1. 组合导航线束连接方法

1) 组合导航组成

组合导航的部件如图 3-1-15 所示,一般有主机 1 个,由高精度测绘级卫星接收板卡、三轴 MEMS 陀螺仪、三轴 MEMS 加速度计组成;卫星天线 2 个,测量型卫星天线,信号接口为 TNC 母口;射频连接线 2 根,射频线两端分别为 TNC 公头和 SMA 公头。

图 3-1-15　组合导航的部件

(a) 主机;(b) 卫星天线;(c) 射频连接线

2) 组合导航部件线束的连接

智能网联汽车组合导航系统接线原理图是按照整车上组合导航部件与部件之间的实际连接关系绘制的。为了更加直观地识读接线图,不使用电器图形符号表示,而采用该电器的外形轮廓或特征表示。在接线图中将线束中同向的导线画在一起,真实地反映了组合导航实际的线路情况,如图 3-1-16 所示。

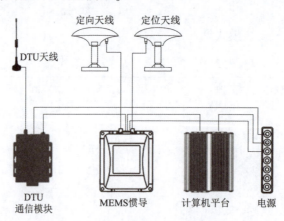

图 3-1-16　组合导航的连线图

2. 组合导航主机安装

将主机安装在载体上，主机铭牌上标示的坐标系 XOY 面尽量与载体坐标系平行并保持各轴向一致。当安装时，若设备坐标系与载体坐标系不一致，则应进行设备轴向自定义配置（倒轴配置），使之与载体坐标系一致，如图 3-1-17 列出了所有安装方式的模式。

序号	载体坐标系	载体坐标	设备坐标系	设备坐标
1（默认）	X Y Z		X Y Z	
2	X Y Z		Y X Z	
3	X Y Z		Y X -X	

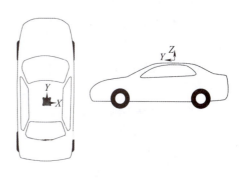

图 3-1-17　组合导航主机安装模式

3. 双天线安装模式

在双天线模式下，GNSS 的定向结果能够为组合导航提供准确的航向信息，从而大幅提升系统可靠性。GNSS 双天线应尽量与载体坐标系 Y 轴平行并且前天线（Secondary）应在 Y 轴正方向上，后天线（Primary）应在 Y 轴正方向前天线（Secondary）的后方，如图 3-1-18 所示，双天线也可与 X 轴平行，GNSS 天线要尽可能地将其安置于测试载体的最高处，以保证能够接收到良好的 GNSS 信号。

序号	载体坐标Y轴方向	双天线安装方向	天线需补偿的角度单位/(°)
1（默认）	↑	↑	0
2	↑	→	90
3	↑	←	270

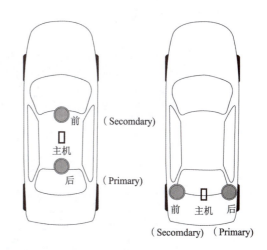

图 3-1-18　双天线安装模式

安装 GNSS 天线时的注意事项：

（1）GNSS 天线位置的上方开阔无遮挡；

（2）GNSS 天线与载体为刚性连接，确保天线在载体移动时不会发生晃动；

（3）建议双天线距离大于 1 m（相距越远越好），推荐 GNSS 双天线的基线（连线）平行或垂直于载体前进方向。

4. 配置组合导航

首次安装好组合导航系统后,需要对 GNSS 天线的杆臂进行精确测量。使用全站仪或激光测距仪等专业测绘设备测量杆臂,并将杆臂值设置到主机中。如果整机坐标系和车体坐标系不重合,则需要对旋转参数进行设置。建议在安装时尽量使整机坐标系和车体坐标系重合,以减少测量误差。GNSS 相对惯导系统的杆臂效应是 GNSS 天线组件的安装位置与惯导系统中心不重合而产生的位置和速度的测量误差,在具体使用过程中会出现两者位置距离较远,使得该误差达到无法忽略的程度,此时必须对杆臂误差进行补偿,此处杆臂是指后天线(Primary)的几何中心位置相对于主机几何中心在直角坐标系内 x、y、z 三方向的位置差。

通过以下指令进行补偿设置:

$cmd, set, leverarm, gnss, x_offset, y_offset, z_offset * ff

指令中:x_offset——X 方向的杆臂误差,单位为 m;

　　　　y_offset——Y 方向的杆臂误差,单位为 m;

　　　　z_offset——Z 方向的杆臂误差,单位为 m。

注:上述坐标为设备坐标轴配置后的实际坐标,一般应与载体坐标系一致,注意补偿的是后天线(Primary)杆臂值。

如图 3-1-19 所示后天线(Primary)的安装位置在惯导设备的上方 0.8 m,X 负轴正向 0.7 m,设备 Y 轴负向 0.1 m 处。首先,根据图 3-1-19 可以测得 x_offset = 0.2 m,y_offset = -0.1 m,z_offset = 0.8 m。

将补偿值写入设备,串口发送指令"$cmd, set, leverarm, gnss, 0.2, -0.1, 0.8 * ff"。保存配置,串口发送指令"$cmd, save, config * ff"。可以通过"$cmd, get, leverarm * ff"指令获取当前杆臂配置。

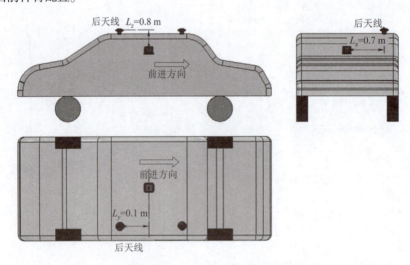

图 3-1-19　组合导航杆臂示意

（三）测试组合导航

技能实践

（1）组合导航定位系统的测试流程见表3–1–4。

雷达天线的检测

表3–1–4　组合导航定位系统的测试流程

整车检测；	打开 Apollo 操作系统；
车辆上电；	启动导航地图录制程序；
遥控车辆进行地图录制；	移动车辆回到地图起点；
检查卫星信号连接运行情况；	停止地图录制程序；
释放遥控权限；	启动自动导航程序；

测试顺序	步骤	目的
1		
2		
3		
4		
5		
6		
7		
8		
9		
10		

（2）测试时卫星信号需要呈现_____状态，启动导航地图录制程序后系统会出现_____界面。

知识学习

组合导航的标定

1. 车载定位系统的测试要求

根据无人驾驶汽车道路测试的管理实施细则明确了无人驾驶汽车申请临时上路行驶测试的相关条件：

（1）测试车辆必须符合《机动车运行安全技术条件》（GB 7258）标准。测试车辆具备自动、人工两种驾驶模式，并可随时切换；测试车辆必须安装相应监管装置，能监测驾驶行为和车辆位置。

（2）测试车辆上路前必须先在封闭测试场内按相关标准进行测试和考核，考核结果经专家评审，通过后才允许上路测试。

（3）自动驾驶测试车辆要按规定悬挂号牌、标识，每辆车都要配备一名有经验的安全员及熟悉自动驾驶系统的测试员，随时监控车辆，保障车辆安全行驶。测试车辆将在指定区域、指定时段内测试。测试单位必须购买交通事故责任保险或赔偿保函，如果测试车辆在测试期间发生事故，则按照现行道路交通安全法及相关规定进行处理，并由测试员承担相关法律责任。

2. 导航循迹测试

1) 导航循迹测试的要点

具备循迹功能,是实现自动驾驶的第一个功能要求。通过自动驾驶循迹,可以检验出自动驾驶汽车的线控底盘控制性能、组合导航系统(定位系统)定位性能、底盘动力学适配情况、组合导航系统适配情况。循迹作为自动驾驶的最小闭环子集,在硬件上需要搭建自动驾驶最小系统的集成,在软件上实现相关模块的配置、标定和启动等工作,才能进行循迹的操作演示。在循迹过程中,既考验开发者对前述准备工作的掌握程度,又能够很直观地感受到自动驾驶的使用体验。随着无人驾驶汽车在汽车行业中变得越来越重要,传统的卫星导航定位精度大概在米级,不足以应对自动驾驶和车联网 V2X 的场景。从目前的高级驾驶辅助系统(ADAS)到半自动驾驶再到未来的完全自动驾驶,无人驾驶系统功能的复杂性正在急剧增加,定位的精度也在逐步提升到厘米级。车载定位系统技术规范主要规定了车辆导航循迹测试基本要点,见表 3-1-5。

表 3-1-5 导航循迹测试检测表

检测对象	质量元素	测试要求
部件连接情况	稳定性	各部件固定连接
系统连接情况	稳定性	卫星信号连接 INT 正常状态,CAN 数据通信正常,姿态、速度状态信号正常
录制地图速度控制	匀速	直线路段、曲线路段、颠簸路段等各路况的车速控制需要匀速,且车轮不打滑
录制地图过程	连续性	直线路段、曲线路段、颠簸路段等各路况录制地图时不停顿,录制方向一致
录制地图过程	一致性	直线路段、曲线路段、颠簸路段等各路况录制地图时不停顿,录制方向一致
录制后的地图	完整性	在指定的检测区域内,比对系统显示的地图和给定的地图样区数据之间的差异。以地图样区数据为标准,统计错误数量,判定道路质量元素的完整性、准确性、一致性和表征质量等指标是否合格
录制后的地图	准确性	在指定的检测区域内,比对系统显示的地图和给定的地图样区数据之间的差异。以地图样区数据为标准,统计错误数量,判定道路质量元素的完整性、准确性、一致性和表征质量等指标是否合格
录制后的地图	一致性	在指定的检测区域内,比对系统显示的地图和给定的地图样区数据之间的差异。以地图样区数据为标准,统计错误数量,判定道路质量元素的完整性、准确性、一致性和表征质量等指标是否合格

2) 导航循迹测试的步骤

(1) 整车检测与系统上电。

在测试汽车导航循迹前需要对整车电源、外观和底盘等系统进行检测;完成检测后进行车辆上电;打开自动驾驶平台尾部的"预充电"开关,使开关的"O"标识朝上;在"液晶屏"显示为蓝色背光,或打开"预充电开关"5 s 后,将"电源开关"旋转到"开/ON";在自动驾驶平台侧面,用钥匙打开工控机的控制面板,并按下面板上的"POWER"开关,打开工控机电源。

(2) 打开 Apollo 操作系统。

进入工控机操作系统界面,操作鼠标打开终端(terminal);在终端中输入"cd /apollo"命令,输入完成后单击"回车",进入 Apollo 文件夹;接着输入"bash can_ start. sh"命令，输入完成后单击"回车"，输入操作系统设置的密码，打开 CAN 总线通信接口卡，使工控机具备 CAN 总线通信能力；打开新的终端，在终端中输入"cd /apollo"命令，输入完成后单击"回车"，再次进入 Apollo 文件夹；接着输入"bash docker/scripts/dev_start.sh"命令，输入完成后单击"回车"，输入操作系统设置的密码，启动"docker"环境；接着输入"bash docker/scripts/dev_into.sh"命令，输入完成后单击"回车"，装载"docker"环境；接着输入"bash scripts/bootstrap.sh"命令，输入完成后单击"回车"，启动 Apollo 无人驾驶平台的"DreamView"界面；打开 Ubuntu 系统自带的浏览器，并在网址中输入"http：//localhost：8888"，单击"回车"打开网址。

（3）确认定位等状态。

在浏览器"DreamView"界面"setup mode"（模式设置）下拉菜单中选择"Rtk"，"vehicle"（车辆）下拉菜单中选择"Dev Kit"；单击"DreamView"界面左侧的"Module Controller"标签，进入软件模块启动界面，单击打开界面下方的"Canbus""GPS""Localization"模块（模块前的方框持续显示为绿色时为打开）；打开新的终端，在终端中输入"cd/apollo"命令，输入完成后单击"回车"，再次进入 Apollo 文件夹；接着输入"bash docker/scripts/dev_into.sh"命令，输入完成后单击"回车"，装载"docker"环境；接着输入"cyber_monitor"命令，输入完成后单击"回车"，终端将进入"channel"界面，在该界面内，可以选择需要查看的各个项目；在"channel"选项内，用键盘的上、下方向键选择需要查看的项目，用右、左方向键进入、退出需要查看的项目详情，用"Page Down""Page Up"键进行向下、向上翻页。

需要查看的项目有以下 4 个，这 4 个项目的"Frame Ratio"需要显示为绿色，并且值应该为 100 左右。

①apollo/canbus/chassis　　　　　确保能正常输出数据（Frame Ratio 约 100）。
②apollo/canbus/chassis_detail　　确保能正常输出数据（Frame Ratio 约 100）。
③apollo/sensor/gnss/best_pose　　确保能正常输出数据（Frame Ratio 约 100）。
在此选项中，"sol_type"状态显示为"NARROW_INT"。
④apollo/localization/pose　　　　确保能正常输出数据（Frame Ratio 约 100）。

第 3 个项目需要使用键盘的右键，进入该项目的"项目详情"内，查看"sol_type"状态，该状态必须为"NARROW_INT"才能进行下一步的行驶轨迹录制操作；如果"sol_type"状态长时间不变成"NARROW_INT"，则应将车辆挪动一下位置再查看；在第 3 个项目的"sol_type"状态为"NARROW_INT"，以及其他 3 个项目的 Frame Ratio 正常后，进入下一个步骤。

（4）行驶轨迹录制。

将遥控器的"模式"开关置于"遥控模式"，并遥控车辆到准备录制的路径的起点；单击"DreamView"界面左侧的"Module Controller"标签，进入软件模块启动界面，单击打开界面下方的"RTK Recorder"模块（模块前的方框持续显示为绿色时为打开）；以较低速度遥控车辆，将车辆从起点行驶到终点，到达终点后再次单击"RTK Recorder"模块，关闭该模块（模块前的方框显示为灰色时为关闭），完成对行驶轨迹的录制。

（5）录制轨迹回放。

将车辆遥控回录制路径的起点，并将车头方向与录制前保持一致；在"DreamView"

主界面可以看到之前录制的路径，并确定是否车辆已经在路径的起点；将遥控器的"模式"开关置于"自动驾驶"模式；单击"RTK Player"模块（模块前的方框持续显示为绿色时为打开），准备对录制的路径进行回放；单击"Control"模块（模块前的方框持续显示为绿色时为打开），打开工控机对线控底盘的控制功能；单击"DreamView"界面左侧的"Task"标签，单击打开界面下方的"Start Auto"按钮，进行"轨迹回放"，车辆将会马上沿着之前录制的轨迹、速度运行；运行到目的地后，单击"DreamView"界面左侧的"Module Controller"标签，关闭界面下方的"Control""RTK Player"模块。

3. 测试过程常见的故障

1）无卫星信号故障现象

查看"sol_ type"状态，该状态必须为"NARROW_ INT"，如果信号指令处于"single"或是"no"状态，则该状态标识目前设备定位精度为厘米级；如果长时间无法高精度定位，则车辆无法进入地图录制模式。

处理方法：首先将车辆移动至空旷开阔、卫星信号良好的地方进行定位，再观察信号状态；如果还不能检测到卫星信号，则需再次检查组合导航各部件的连接情况。若上述检测仍没能连接信号，则需检查此前组合导航的配置是否存在问题及系统指令运行情况。

2）录制地图后无法自动导航

录制完地图后，当 Apollo 系统出现小车和网格地图时，启动导航程序但无法自动导航，故障可能的原因如下：

（1）录制过程出现停顿或倒车等现象；

（2）天线部件安装不正确；

（3）卫星信号状态不稳定，录制地图过程丢失；

（4）系统运行程序错误。

处理方法：首先检测车辆天线部件安装情况，无异常后检查卫星信号状态，确保正常后再次进行地图录制操作；如果仍然不能实现自动导航，则需要检测组合导航系统的运行程序。

四、学习测试

（一）填空题

（1）车辆定位系统（Vehicle Positioning System）是由_____（GNSS）和_____（GIS）组成的，它可以实现对车辆的_____、_____、_____、_____（路径规划）、_____、_____及_____。

（2）_____是通过无线通信技术对无线电波进行接收，再通过相应算法对无线电波包含的相位、传输时间等信息进行计算，进而获得其目标位置。

（3）_____（GNSS）是一种天基无线电定位系统，通过接收机接收卫星发射的信号，根据信号发射和接收的时间差或者信号的载波相位来确定卫星与接收机之间的直线距离。

（4）_____（UWB）是一种无线载波通信技术，利用纳秒级的非正弦波窄脉冲传输数据，因此其所占的频谱范围很宽，与其他定位技术相比，它具有更好的性能，精度更高。

（二）选择题

（1）GPS 导航卫星的空间部分共使用（　　）颗。
A. 20　　　　　　　　　　　　B. 22
C. 30　　　　　　　　　　　　D. 24

（2）中国的北斗 BDS 系统设计了（　　）颗卫星。
A. 20　　　　　　　　　　　　B. 24
C. 30　　　　　　　　　　　　D. 35

（3）以下不是 GPS 系统主要组成部分的是（　　）。
A. 空间部分　　　　　　　　　B. 地面监控部分
C. 卫星星座　　　　　　　　　D. 用户设备部分

（4）以下不属于 GPS 接收机用途的是（　　）。
A. 导航型接收机　　　　　　　B. 多通道接收机
C. 授时型接收机　　　　　　　D. 测地型接收机

（5）以下不属于 GPS 定位原理的是（　　）。
A. 载波相位定位　　　　　　　B. 伪距单点定位
C. 主动式定位　　　　　　　　D. 实时差分定位

（三）简答题

（1）根据定位系统测试软件操作界面，写出图 3-1-20 中①~④的名称。

图 3-1-20　定位系统测试软件界面（三）

（2）基于电子信号的定位技术有哪些？
（3）基于航迹推算的定位技术有哪些？
（4）基于环境特征匹配的定位技术有哪些？

五、评价及总结

（一）自我评价

结合自己的学习过程及学习效果，对自己的学习主动性和效果进行自评，评价等级为优、良、中、及格和不及格，针对出现的失误进行反思，完善改进方向及改进措施。

评价维度		评价标准	评级
学习主动性	课前	课前预习，完成老师布置的课前任务	
	课中	积极思考，参与课堂互动，辅助老师完成教学演示或模拟练习	
	课后	及时总结，完成课后练习任务，及时向老师反馈学习建议	
学习效果		1. 能使用定位系统测试软件	
		2. 能掌握定位系统测试的步骤	
		3. 能掌握组合导航的定位安装	
		4. 能掌握自动驾驶循迹测试	
任务实施出现的失误			
改进的方向及措施			

（二）学生互评

通过提问、观察同学的演示以及上课的情况，对同学这次学习任务的效果展开评价，评价等级为优、良、中、及格和不及格，指出任务实施过程中出现的失误，给出改进建议。

小组成员姓名：_____

评价维度	评价标准	评级
学习效果	1. 能使用定位系统测试软件	
	2. 能掌握定位系统测试的步骤	
	3. 能掌握组合导航的定位安装	
	4. 能掌握自动驾驶循迹测试	
任务实施出现的失误		
建议		

项目四

环境感知系统测试与装调

【项目描述】

自动驾驶汽车需要环境感知传感器为决策执行提供依据,目前主流的环境感知传感器包括视觉传感器、超声波雷达、声波雷达及激光雷达等。本项目从主流环境感知传感器的结构认知和功能简介、部件和线路安装及检测、检测软件的使用等内容进行讲解,并配套实训内容进行实操演练,本项目包括以下4个工作任务:

  任务一 安装与调试视觉传感器
  任务二 安装与调试激光雷达传感器
  任务三 安装与调试超声波雷达传感器
  任务四 安装与调试超声波雷达传感器

通过完成以上4个工作任务,能够向客户解释智能网联汽车环境感知的结构组成和作用;能识读电路图,并对相关线路故障进行检修;能使用测试软件对传感器进行检测,判断传感器的好坏,为下一步进行自动驾驶系统测试以及故障检修打下扎实基础。

任务一　安装与调试视觉传感器

一、任务描述

小王是一名智能网联汽车企业的新入职员工,主要负责对公司品牌的智能网联汽车进行维护与保养作业,今天他要对一辆智能网联汽车的视觉传感器进行维护作业,在此过程中,他需要了解视觉传感器的结构组成及其作用,读懂电路图和进行线路的检测,并使用测试软件对视觉传感器进行检测。

二、任务目标

实施步骤	素质目标	知识目标	技能目标
1. 认知并检查视觉传感器	1. 培养运用资源制定计划、独立决策解决实际问题的能力; 2. 树立效率意识、规范意识、安全意识,强化人际沟通、团队合作的能力; 3. 培养爱岗敬业的职业道德及严谨、务实的工作作风	1. 了解视觉传感器的组成和类型; 2. 理解视觉传感器的成像原理; 3. 熟悉视觉传感器的功能	1. 学会查阅产品使用手册; 2. 能分辨视觉传感器的类型; 3. 正确使用软件检测视觉传感器
2. 安装与调试视觉传感器		1. 了解视觉传感器的安装流程; 2. 熟悉视觉传感器的装配图; 3. 掌握标定视觉传感器的方法	1. 学会查阅安装位置图; 2. 正确安装视觉传感器及连接线路; 3. 会标定视觉传感器
3. 测试视觉传感器		1. 理解视觉传感器测试的方法; 2. 了解视觉传感器测试的注意事项; 3. 掌握视觉传感器故障的排查方法	1. 会描述正确测试流程; 2. 学会使用自动驾驶平台测试视觉传感器; 3. 学会简单故障排除

三、实施步骤

（一）认知并检查视觉传感器

技能实践

（1）查阅产品手册等资料，检查视觉传感器的外观品质，见表4-1-1。

表4-1-1 视觉传感器的外观品质检查

产品型号		产品 S/N 码	
外形和外观结构检查	外观结构		
	外观表面		
	传感器镜头		
	功能标签		
连接线束检查	线束外观		
	插接器外观		

（2）查阅维修手册等资料，检查电源线路，测量电压值和电阻值。

①测量电源线路电压，并将数据填入表4-1-2中。

表4-1-2 测量电源线路电压

针脚号	标准值	实测值	判断是否正常	备注
ACC 对地电压	12 V 电源电压			
GND 对电源正极	12 V 电源电压			

②测量电源线路的通断，并填表4-1-3。

表4-1-3 测量电源线路的通断

针脚号	标准值	实测值	判断是否正常	备注
ACC 与电源正极	小于1 Ω			
GND 与电源负极	小于1 Ω			

（3）检查网络通信线路，正确使用万用表测量电阻值，见表4-1-4。

表4-1-4 检查网络通信线路

针脚号	标准值	实测值	判断是否正常	备注
1号线（两侧水晶头之间电阻）	小于1 Ω			
2号线（两侧水晶头之间电阻）	小于1 Ω			
3号线（两侧水晶头之间电阻）	小于1 Ω			

续表

针脚号	标准值	实测值	判断是否正常	备注
4号线（两侧水晶头之间电阻）	小于1Ω			
5号线（两侧水晶头之间电阻）	小于1Ω			
6号线（两侧水晶头之间电阻）	小于1Ω			
7号线（两侧水晶头之间电阻）	小于1Ω			
8号线（两侧水晶头之间电阻）	小于1Ω			

（4）以中科慧眼双目视觉传感器为例，使用 SmartEye 软件检查传感器功能。

使用网线把笔记本电脑和视觉传感器连接，在表4-1-5中填入操作内容。

表4-1-5 笔记本电脑和视觉传感器连接

步骤	操作内容	目的
		找到网络连接类型中的以太网连接
		设置电脑 IP 与视觉传感器 IP 地址同网段
		子网掩码设置成默认值
		DNS 服务器地址不用填，留空
		保存退出

（5）检查视觉传感器的图像效果，并填表4-1-6。

表4-1-6 检查视觉传感器的图像效果

检查项目	左相机图像	右相机图像	备注
图像畸变检查	□正常 □异常	□正常 □异常	
图像分辨率误差检查	□正常 □异常	□正常 □异常	
图像色彩检查	□正常 □异常	□正常 □异常	
图像灰阶检查	□正常 □异常	□正常 □异常	
图像视场角检查	□正常 □异常	□正常 □异常	
视差图像	□正常	□异常	

知识学习

1. 视觉传感器的作用

人类通过感官从自然界获取各种信息，其中以人的视觉获取的信息量最多。目前，机器视觉技术已经实现了产品化、实用化，镜头、高速相机、光源、图像软件、图像采集卡、视觉处理器等相关产品功能日益完善。视觉传感器是指通过对摄像机拍摄到的图像进行处理，来计算对象物的特征量（距离、长度、位置等），并输出数据和判断结果的传感器。如图4-1-1所示，视觉传感器广泛应用于自动驾驶汽车上。

 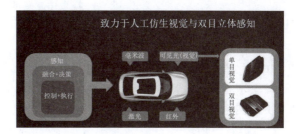

图4-1-1 视觉传感器的应用

2. 视觉传感器组成

视觉传感器是无人驾驶或者驾驶辅助传感器，通过模拟人眼的立体相机辅以先进的视觉算法，可实时构建出车辆行驶道路前方的三维空间场景，系统实时检测前方行人、车辆、车道标识线，在可能发生碰撞危险或无意识偏离车道时（未打转向灯）向驾驶员发出警报提醒，帮助驾驶者预防各种突发状况引发的碰撞、追尾、车道偏离等交通事故，提升驾乘体验。如图4-1-2所示，其主要由光源、镜头、图像传感器、模数转换器、图像处理器、图像存储器等组成。

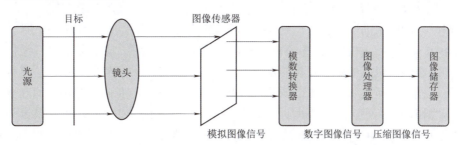

图4-1-2 广义视觉传感器的组成

狭义的视觉传感器是指图像传感器，它的作用是将镜头所成的图像转变为数字或模拟信号输出，是视觉检测的核心部件，分为CCD图像传感器和CMOS图像传感器两种。CCD传感器捕捉光线，并将其转换为数字数据以转换成图像。CCD传感器被工业机器视觉系统广泛用于质量检查及控制。CMOS与CCD图像传感器光电转换的原理相同，CCD传感器工艺复杂，功耗大，集成度不高，没有CMOS图像传感器应用那么广泛。

随着CMOS图像传感器的技术日趋进步，同时具有成像速度快、功耗少、成本低的优势，所以现在市面上的工业相机大部分使用的都是CMOS的图像传感器。

3. 视觉传感器分类与工作原理

智能网联汽车上视觉传感器按视野覆盖位置可分为前视、环视（侧视+后视）及内视视觉传感器，其中前视视觉传感器最为关键；根据汽车视觉传感器模块不同，又可分为单目视觉传感器型、双目视觉传感器型、三目视觉传感器型和红外视觉传感器型；按照其应用场景及场景所要求的布局，大致可分为前视觉传感器、后视觉传感器、侧面视觉传感器、驾驶舱内置视觉传感器和夜视视觉传感器五类。不同类型视觉传感器对比见表4-1-7。

摄像头传感器类型

表 4-1-7 视觉传感器的分类及优缺点

分类	优点	缺点
单目视觉传感器	成本和量产难度相对较低	图像识别算法研发壁垒，数据库建立成本较高；定焦镜头难以同时观察不同距离的图像
双目视觉传感器	测距精确	使用多个视觉传感器，成本较高；计算量巨大，对计算芯片要求高，对视觉传感器之间的误差精度要求高，量产、安装较困难
多目视觉传感器	全覆盖视角	
红外视觉传感器	解决夜视问题	使用寿命相对较短

1）双目视觉传感器的测距原理

通过对两幅图像视差的计算，直接对前方景物（图像所拍摄到的范围）进行距离测量，所以对于任何类型的障碍物，都能根据距离信息的变化，进行必要的预警或制动。双目视觉传感器的原理与人眼相似。人眼能够感知物体的远近，是由于两只眼睛对同一个物体呈现的图像存在差异，也称"视差"。物体距离越远，视差越小；反之，视差越大。视差的大小对应着物体与眼睛之间距离的远近，这也是 3D 电影能够使人有立体层次感知的原因。

双目摄像头
测距原理

图 4-1-3（a）中的人和椰子树，人在前，椰子树在后，最下方是双目相机中的成像。其中，右侧相机成像中人在树的左侧，左侧相机成像中人在树的右侧，这是因为双目的角度不一样。再通过对比两幅图像就可以知道人眼观察树的时候视差小，而观察人时视差大。因为树的距离远，人的距离近，故在图 4-1-3（b）中，已知双目摄像头的中心距离 O_1 与 O_2 长度 $B_1+B_2=O_1O_2$，β_1 与 β_2 的角度通过视觉传感器检测得出，利用三角函数 $\tan\beta_1=B_1/Z$，$\tan\beta_2=B_2/Z$，Z 为被测物体距离摄像头的距离，通过综合计算即可以得出 Z 值的大小，也就是测量出被测物体的距离。

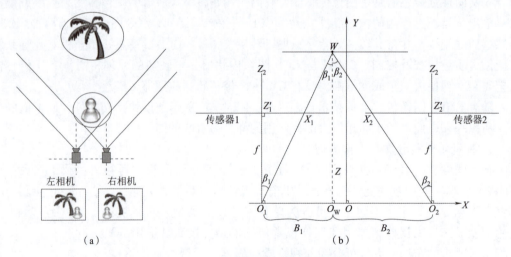

图 4-1-3 双目视觉传感器的测距原理

2) 其他类型视觉传感器工作原理

(1) 单目视觉传感器。

单目摄像头的优点是成本低廉，能够识别具体障碍物的种类，识别准确；缺点是由于其识别原理导致其无法识别没有明显轮廓的障碍物，其工作准确率与外部光线条件有关，并且受限于数据库，没有自学习功能。

单目视觉测距有两种方式：

第一种是通过深度神经网络来预测深度，这需要大量的训练数据。

训练后的单目视觉摄像头可以认识道路上最典型的参与者——人、汽车、卡车、摩托车，或是其他障碍物（雪糕桶之类），然后对识别到的物体进行距离估计。

第二种是结合车辆的运动信息，用时序上的相邻帧进行"类双目视觉"的检测。

(2) 三目视觉传感器工作原理。

三目视觉传感器是三个不同焦距的摄像头对障碍物进行摄影成像。以安装在风窗玻璃上方的三目视觉传感器为例：三个视觉传感器的感知范围由远及近，分别为感知 250 m 的前视窄视野视觉传感器、感知 150 m 的前视主视野视觉传感器及感知 60 m 的前视宽视野视觉传感器，如图 4-1-4 所示。

(3) 红外视觉传感器工作原理。

自然界中一切温度高于绝对零度的物体，每时每刻都会向外辐射红外线。红外线的物理本质是热辐射，也是一种电磁波。如图 4-1-5 所示，红外线是从物质内部发射出来的，产生红外根源是物质内部分子的热运动。红外夜视视觉传感器是基于红外热成像

图 4-1-4　特斯拉车载三目视觉传感器

原理，通过能够透过红外辐射的红外光学系统，将视场内景物的红外辐射聚焦到红外探测器上，红外探测器再将强弱不等的辐射信号转换成相应的电信号，然后经过放大和视频处理，形成可供人眼观察的视频图像。

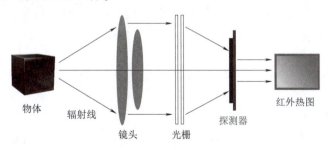

图 4-1-5　红外成像原理

(4) 广角环视视觉传感器。

前面提到的几款视觉传感器所用的都是朝单一方向进行环境拍摄的镜头，环视视觉传感器镜头又称鱼眼广角镜头，安装位置是朝向地面的。360°全景显示功能，所用到的就是环视视觉传感器。要有周边全景摄像，一台车上需要安装于车辆前方、车辆左右后视镜下和车辆后方的四个广角镜头采集图像，采集到的图像如图 4-1-6 所示。鱼眼摄像机为了

获取足够大的视野，代价是图像的畸变严重。

图4-1-6 广角环视视觉传感器采集图像

系统通过对4个广角镜头采集到的图像的投影变换，便可将图像还原成俯视图的样子。之后对四个方向的图像进行拼接，再在四幅图像的中间放上一张车的俯视图，即可实现从车顶往下看的效果。广角镜头的感知范围并不大，主要用于车身5～10 m内的障碍物检测、自动泊车时的库位线识别等。

3）视觉传感器在智能网联汽车上的应用

自动驾驶作为最先尝试的应用领域之一，视觉传感器很早就进入了科研专家的考察范围。与其他智能汽车上的视觉传感器，如激光雷达相比较，其物理原理（直接光学成像）和成像过程（2D平面图像/3D数据）虽然不同，但其体积非常小、硬件价格低廉，且若算法足够强大的话，在ADAS各种应用场景中也能符合大部分的使用条件。

视觉传感器在车辆辅助驾驶或是无人车上的应用，主要是环境感知能力和定位能力。车载视觉传感器按照其应用场景及场景所要求的布局不同，大致可分为五类：前视视觉传感器、后视视觉传感器、侧面视觉传感器、驾驶舱内置视觉传感器和夜视视觉传感器。

智能网联汽车的视觉传感器还可实现车道偏离预警、前向碰撞预警、交通标志识别、盲点监测、驾驶人注意力监控、停车辅助、驾乘身份识别等功能。

（1）车道偏离预警。

车道偏离预警系统（LDW）的作用是当视觉传感器检测到车辆驶向车道线时，会发出报警提示。

（2）前向碰撞预警。

前向碰撞预警系统（FCW）的基本功能是，通过视觉传感器检测前车与本车的运动状态，当有碰撞的危险时，可向驾驶员发出警告。

（3）交通标志识别。

交通标志识别系统（TSR）是通过特征识别算法，利用前置视觉传感器组合模式识别道路上的交通标志，提示警告或自动调整车辆运行状态。

（4）盲点监测。

盲点监测系统（BSM）的主要功能是，扫除后视镜盲区并通过侧方视觉传感器或雷达将车辆左、右后视镜盲区内的影像显示在车内。

（5）驾驶员注意力监控。

驾驶员注意力监控系统（DMS）是一种基于驾驶员生理反应特性的驾驶员疲劳监测预警技术。系统通过不断检测驾驶员的驾驶习惯，可以感知到驾驶员的状态，在疲劳驾驶时及时向驾驶员发出警告，提醒驾驶员应适当在安全岛停车休息。

（6）停车辅助。

停车辅助系统（PAS）包括多个安装在汽车周围的视觉传感器、图像采集组件、视频合成/处理组件、数字图像处理组件和车辆显示器，这些装置可以同时采集车辆周围的图像，对图像处理单元进行处理和增强，最终形成车辆360°全景仰视图。

（7）驾乘身份识别。

驾乘身份识别主要是一种防盗措施，即车辆被盗后可阻止车辆起动，或是发生陌生人驾驶车辆时，报告给车主车内的详细信息。

4. 视觉传感器的检查

双目视觉传感器的线路检查（以北京中科慧眼视觉传感器为例）。

北京中科慧眼公司的双目视觉传感器是通过对两个摄像头拍摄到的图像进行处理，来计算目标的特征量（距离、长度、位置等），并输出数据和判断结果的传感器。北京中科慧眼视觉传感器的连接线路如图4-1-7所示。

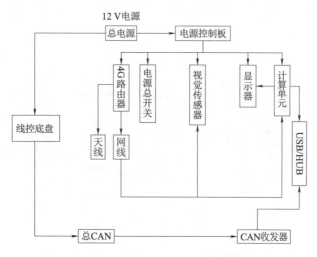

图4-1-7　中科慧眼双目视觉传感器

该双目视觉传感器安装于成都盘沣科技有限公司自动驾驶平台前部，连接线路主要由电源线路和信号线路组成。

（1）线束外观检查。

检查视觉传感器连接线束外观是否有破损、折断，线束两端插头针脚是否有锈蚀痕迹。

（2）线束导通检查

如图4-1-8所示，使用数字万用表检查视觉传感器电源线束和网线（直通线）是否有断路。

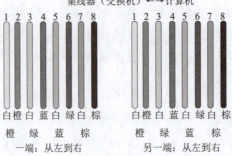

图 4-1-8 北京中科慧眼双目视觉网线检测

5. 视觉传感器的功能检查（以北京中科慧眼视觉传感器为例）

SmartEye 软件作为一款视觉传感器安装的配套工具，可以支持实时查看左彩色、右灰度图像，彩色渲染后的视差图像，车道线识别效果及障碍物检测效果，也可以采集某一时间段的图像到本地 PC 中。我们可以使用此工具，对相机的相关数据进行快速查看和评估，用来作为视觉传感器安装之前的功能检查。

1）SmartEye 软件安装的流程

（1）运行客户演示工具前，需配置联网的电脑网段与设备 IP 在同一网段下，如图 4-1-9 所示。

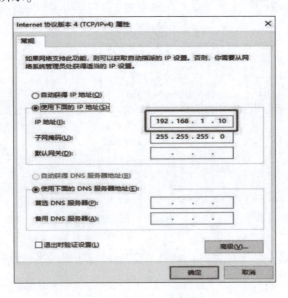

视觉传感器
功能测试

图 4-1-9 网段设置

（2）打开 SmartEye 工具软件，输入设备 IP（192.168.1.251），单击"确定"按钮，进入主页。

（3）进入主界面（见图 4-1-10），单击"功能演示"后，有六个选项，分别为"采集图像""左相机图像""视差图像""右相机图像""车道线检测效果"及"障碍物检测效果"。

图 4–1–10　SmartEye 主界面

（4）通过选择"左相机图像""视差图像""右相机图像"选项，查看相机的左图、深度图和右图，如图 4–1–11 所示。

(a)　　　　　　　　　　　(b)　　　　　　　　　　(c)

图 4–1–11　左图、右图及深度图

(a) 左图；(b) 深度图；(c) 右图

注意：相机未进行安装学习前，只有"左相机图像""视差图像""右相机图像"三个选项可以使用，其他选项是灰色，不可使用。

2）视觉传感器成像的检查

检查视觉传感器在不同工作条件的工作性能，以满足智能网联汽车的使用条件，包括分辨率测试、色彩还原测试、灰阶测试、畸变测试和视场角测试等。

（1）分辨率测试。

分辨率是用于度量位图图像内数据量多少的一个参数，通常表示成 dpi（dot per inch，点/英寸）。简单地说，视觉传感器的分辨率是指视觉传感器解析图像的能力，亦即视觉传感器的影像传感器的像素数。最高分辨率就是指视觉传感器能最高分辨图像能力的大小，即视觉传感器的最高像素数，是评价视觉传感器拍摄性能的关键指标。图 4–1–12 所示为两种分辨率的对比。

（2）色彩还原测试。

色彩还原是用于测试视觉传感器对拍摄物体色彩的还原能力，可通过灯箱、24 色色卡（Gretag Macbeth Color Checker）、色温照度计和 Imatest 软件进行测试。图 4-1-13 所示为色彩还原的效果。

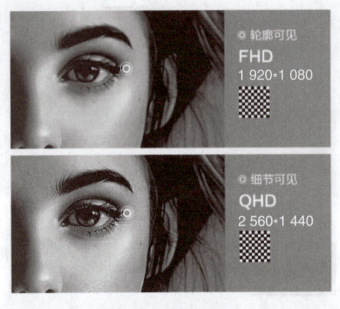

图 4-1-12　分辨率对比

图 4-1-13　色彩还原

(3) 灰阶测试。

所谓的灰阶,指地物电磁波辐射强度表现在黑白影像上的色调深浅的等级,是划分地物波谱特征的尺度。将最亮与最暗之间的亮度变化区分为若干份,灰阶代表了由最暗到最亮之间不同亮度的层次级别,这中间层级越多,所能够呈现的画面效果也就越细腻。通常可使用灰阶测试卡进行测试。

(4) 畸变测试。

畸变的定义是由于横向放大率随像高或视场的大小而变化,从而引发的一种失去物体相似的像差,如图 4-1-14 所示。

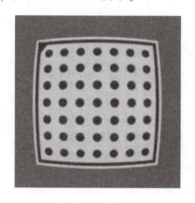

图 4-1-14 畸变图像

(5) 视场角测试。

视场角测试,视场角的大小决定了视觉传感器能够拍摄的视野范围,如图 4-1-15 所示。

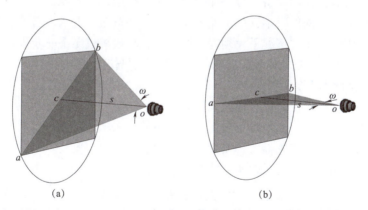

图 4-1-15 视场角

(a) 以可视范围直径确定的视场角;(b) 以成像幅面长度尺寸的可拍摄范围决定的视场角

ab—镜头可视范围直径;oc—物距;ω—视场角;$\tan(\omega/2) = \dfrac{ac}{s}$

（二）安装与调试视觉传感器

技能实践

1. 双目视觉传感器的机体安装

（1）双目相机在_____方向上，应_____，人眼观察是否水平居中即可。

（2）车辆外围结构件，不可处于双目相机_____范围内，否则会阻挡视线。

（3）可以使用十字螺丝刀松动传感器后面中间的螺钉后，再调整相机的_____。

2. 双目视觉传感器的标定

（1）使用网线把笔记本电脑和视觉传感器连接，在表4-1-8中填入操作内容。

表4-1-8　笔记本电脑与视觉传感器的连接

步骤	操作内容	目的
		找到网络连接类型中的以太网连接
		设置电脑IP与视觉传感器IP地址同网段
		子网掩码设置成默认值
		DNS服务器地址不用填，留空
		保存并退出

（2）FieldHelper软件的安装。

①安装软件登录时，需要联网输入_____和_____。用户在第一次登录时，可以勾选"记住账号"，待下次登录时，只需要输入密码即可登录。

②输入设备IP_____，单击"确定"按钮，进入FieldHelper安装工具主页。

③进入到主页后，显示设备型号、序列号、固件类型、设备状态、固件版本，以及显示屏的型号、序列号、固件版本，单击左下角_____按钮，进入设备安装流程。

④在相机检测中，正常情况下无须操作此步骤，直接跳过至下一步即可。

⑤在通信设置中，在自动驾驶实训平台，视觉相机只作为探知障碍物距离、速度、类型的传感器设备，因此不需要设置此内容，直接保持默认，单击"保存并下一步"即可。

⑥相机安装，在相机视野中，通过调节设备后面的旋钮来调整相机的_____，使中间的黄线与地平线_____，可以单击图像右下角的"最大化"按钮来更好地确认相机俯仰角度是否正确，并输入传感器实际安装位置尺寸。

双目视觉传感器外参标定见表4-1-9。

表4-1-9　双目视觉传感器外参标定　　　　　　　　　　cm

作业内容	作业记录
双目视觉传感器外参标定	左相机距离地面： 左相机距离前挡玻璃左边缘： 左相机距离前挡玻璃右边缘： 左相机距离车辆前保险杠： 车辆两前轮外边缘间距： 车头距离地面： 车头距离后轴：

⑦相机校正中,为了减小相机图像透过玻璃的畸变影响,需用_____的黑白棋格靶标进行相机标定,相机标定靶需要分别在视觉相机正前方_____的处,标定板放在图像视野红色框中间,与实时图像中参考十字线的中心重合,待红框自动变为绿框后进行拍摄。

⑧在姿态学习中,可根据需求选择相机学习方式,通常有四种姿态学习方式。在室内实训,主要选择_____。

⑨预警设置和同步设置直接选择默认值,保存进入下一步即可。

知识学习

1. 视觉传感器产品参数(见表4-1-10)

表4-1-10 视觉传感器产品参数

处理器	FPGA,Dual-Core ARM
内存/GB	1
闪存/GB	8
镜头焦距/mm	4 (可定制)
测距范围/m	1.5~40,3~100 (可定制)
测距误差	5%以内
基线/cm	12 (可定制)
动态范围/dB	120
分辨率	1 280×720
视场角	HFOV 82°/VFOV 44°, HFOV 38°/VFOV 21° (可定制)
俯仰角度/(°)	70~90
传输方式	千兆网口,CAN,支持外接GPS信号,可将所采集图像的TimeStamp与世界时间同步
工作电压/V	9~36
整机功率/W	<6
存储温度/℃	-30~85
工作温度/℃	-20~70
图像帧率/(f·s^{-1})	12.5
是否车规级	工业级

必须严格按照产品的参数来确定连接的电源类型和信号类型,以保证设备安全和功能使用正常。

2. 视觉传感器的安装(见图4-1-16)

(1)双目视觉传感器在车辆宽度方向上应水平居中安装,通过人眼观察是否水平居中即可,如图4-1-17所示。

(2)车辆外围结构件不可处于双目相机水平视角与垂直视角范围内,否则会遮挡视线，如图 4-1-18 所示。

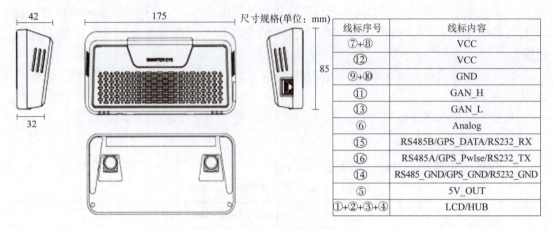

线标序号	线标内容
⑦+⑧	VCC
⑫	VCC
⑨+⑩	GND
⑪	GAN_H
⑬	GAN_L
⑥	Analog
⑮	RS485B/GPS_DATA/RS232_RX
⑯	RS485A/GPS_Pwlse/RS232_TX
⑭	RS485_GND/GPS_GND/R5232_GND
⑤	5V_OUT
①+②+③+④	LCD/HUB

图 4-1-16 视觉传感器的安装

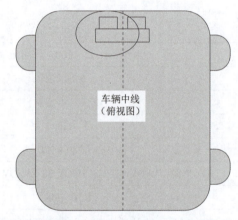

图 4-1-17 车辆中线俯视图

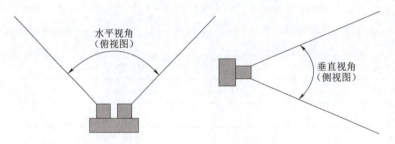

图 4-1-18 双目相机水平和垂直视角

（3）双目相机按线标要求，ACC+VCC 接正极，GND 接负极，接入 DC 9~36 V 稳定电源，即可自动启动开始工作；按照线序要求接入 GPS 信号，即可将所采集图像的 TimeStamp 与世界时间同步。在设备通电状态下严禁插拔插头。

（4）相机应被设计安放在车辆的防水空间中，为了既达到防水效果又不会对光路造成影响，建议使用对光谱具有极低吸收率的全透明玻璃或摄影专用 UV 镜，并置于相机的正前方。

(5) 如果系统应用于自动驾驶车辆，以太网是相机与外部传递数据的通路，应保证接收数据的网线、网卡为千兆带宽，否则会影响数据传输效率；如果系统应用于前/后装 AEB 车辆，则 CAN 是相机与外部传输数据的通路；如果系统应用于后装 ADAS 车辆，则无须向外部传输数据，蜂鸣器与小屏幕将作为标准配置被提供。

3. 视觉传感器的标定

1）连接笔记本电脑与视觉相机

先在电脑中安装 FieldHelper 工具软件，然后使用一条以太网线将视觉传感器与电脑进行连接，如果视觉传感器的以太网接口处已经有网线连接，则直接将其拔掉并将连接电脑的网线插入即可；在电脑中打开控制面板，进入"网络和 Internet"选项，选择"网络和共享中心"子选项，进入页面单击"以太网"；单击"属性"，在项目中选择"internet 协议版本 4（TCP/IPv4）"并双击，在弹出的页面中填写 IP 地址和子网掩码，其他的无须填写，单击"确定"，配置完成。

视觉传感器的安装与调试

注意：

若视觉传感器的默认 IP 地址为 192.168.1.251，则设置的 IP 地址应与设备的 IP 地址网段相同，即前三段数字相同，最后一位数字必须不同，例如 192.168.1.10；子网掩码设置成默认的 255.255.255.0。

2）视觉传感器的标定

单击 FieldHelpe 软件界面的"连接设备"，输入视觉相机 IP 地址（通常情况下，视觉相机的默认 IP 地址为 192.168.1.251），单击"确定"按钮，稍微等待一段时间就能够连接上视觉传感器设备，如图 4-1-19 所示。

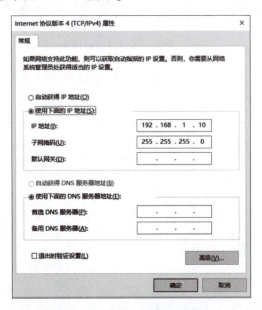

图 4-1-19 视觉相机 IP 地址

设备连接完成之后，就会进入 FieldHelper 主页（见图 4-1-20），显示设备的型号、序列号、固件类型、设备状态、固件版本以及显示屏的型号、序列号、固件版本，单击"安装设备"按钮，即进入设备安装流程（标定流程）。

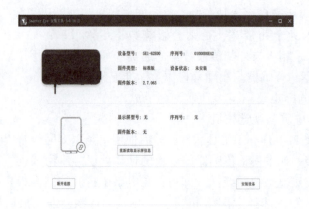

图 4-1-20　FieldHelper 主页

接下来需要检查相机的安装情况,在"相机视野"的画面中,可以看到有两根横着的线,要确保相机视野中地平线的位置与黄线重合,通常可以通过调节设备后面的旋钮来调整相机的俯仰角,以使中间的黄线与地平线重合,如图 4-1-21 所示。

图 4-1-21　检查安装情况

接着在"相机安装"中,需要填写相机实际安装位置的外部参数(简称"外参"),但当测量值小于要求范围的最小值时,填写最小值即可,填写完成之后单击"保存并下一步",如图 4-1-22 所示。

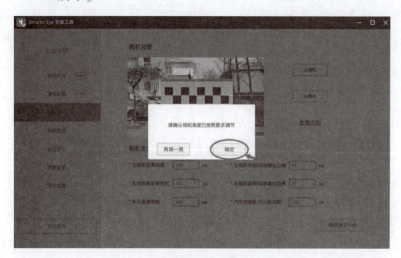

图 4-1-22　相机实际安装位置外部参数

在"相机校正"中，为了减小相机图像透过玻璃的畸变影响，需用 90 cm×40 cm 的黑白棋盘格靶标进行相机标定。4 mm 相机分别在大约 4 m/6 m/8 m 处，将标定板放在图像视野红色框中间，与实时图像中参考十字线的中心重合，待红框自动变为绿框后进行拍摄，通常需要分三组拍照，如图 4-1-23 所示。

图 4-1-23 相机校正

在"姿态学习"中，可根据需求选择相机学习方式，有四种姿态学习方式。自动学习适合通过 CAN 获取车速并且可以在正常道路行驶的乘用车、商用车，工具安装配置成功之后，在车道线清晰的直线道路，车速在 40 km/h 以上，与前车距离保持 20 m 以上，行驶路程 5 km 以上，大约 10 min 即可完成相机的自动学习。在室内实训场，选择靶标学习，如图 4-1-24 所示。

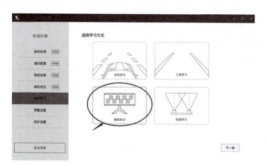 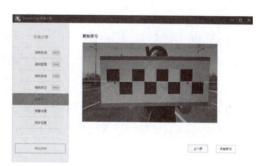

图 4-1-24 学习姿态

靶标摆放和靶标学习要求：
(1) 靶标摆放要求：靶标横、纵中心对准车身纵向中轴线距离不应超过 ±5 cm。
(2) 靶标横向中心线高度与相机镜头高度等高。
(3) 靶标翻滚角摆放要求：靶标最左侧横向中线与最右侧横向中线差小于 ±5 mm。
(4) 靶标航向角摆放要求：靶标正向面对车头，横向角度偏移小于 10°。

在"预警设置"和"同步设置"中，为系统预留的参数无须修改，设备完成安装，如图 4-1-25 所示。

图 4-1-25 设备完成安装

(三) 测试视觉传感器

技能实践

(1) 视觉传感器与自动驾驶平台的连接使用的是_____，涉及路由器和网线的连接，IP 地址设置为_____。

(2) 中科慧眼视觉传感器需要进行_____才能正常使用，使用的软件是_____。

(3) 线路故障，包括视觉传感器的_____、信号线等，一般采用测量_____的方法来排除。

(4) 程序指令输入错误，字母的错误包括_____、增减空格等。

(5) 网络信号不稳定，需要_____网络信号良好的地方。

(6) IP 地址配置_____，会导致网络无法连接成功。

知识学习

1. 视觉传感器测试的注意事项

视觉传感器的测试流程如图 4-1-26 所示。

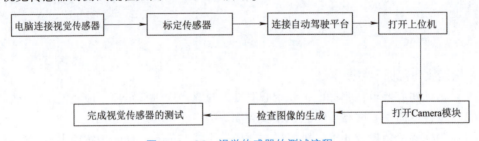

图 4-1-26 视觉传感器的测试流程

注意事项：

(1) 视觉传感器与自动驾驶平台使用的是局域网连接，涉及路由器和网线的连接、IP 地址的设置等。

(2) 启动视觉传感器模块各种程序指令的输入及标定雷达的流程要正确。

2. 一般故障的排除

（1）线路故障，包括视觉传感器的电源线、信号线等，一般采用测量导通的方法来排除。

（2）程序指令输入错误，字母的错误包括增减字母、增减空格等。

（3）网络信号不稳定，需要移动到网络信号良好的地方。

（4）信号受干扰，排查附近的辐射干扰源并远离。

（5）IP 地址配置错误。

3. 基于视觉传感器的自动驾驶测试（以盘沣科技自动驾驶小车为例）

自动驾驶避障的测试流程如下：

（1）连接电脑，完成视觉传感器的标定。

（2）上电以及打开工控机。

打开工控机，进入 Ubuntu 系统运行终端（直接打开或采用键盘快捷键"Ctrl"+"Alt"+"T"打开）。

（3）启动 CAN 卡并进入"DreamView"界面：

启动工控机后，在桌面上打开命令行（Terminal），操作如下：

①在盘沣科技自动驾驶小车调试时，应该在新打开的终端中启动 CAN 卡模块，输入"/home/apollo/can_start.sh"命令；或在主文件目录中找到对应的"can_start.sh"文件，将其拖入终端中即可。

②输入完命令后，单击"回车"键，并根据提示输入密码（password：1233211）确认操作。

（4）打开相应模块。

①在浏览器中打开软件，模式选择为"Dev Kit Debug"，选择车型为"Dev Kit"，选择对应的虚拟车道线或高精地图，在"Module Controller"标签页启动"Camera"模块。

②检查视觉传感器拍摄的图像是否正常。

③完成视觉传感器的测试。

四、知识考核

（一）填空题

（1）视觉传感器的性能测试，主要测试其在不同工作条件的工作性能，以满足智能网联汽车的使用条件，包括_____、_____、_____、_____、_____等。

（2）分辨率可使用 iSeetest 软件、D65 光源和国际标准的 ISO 12233 解析度_____进行测试；色彩还原可通过灯箱、_____、色温照度计、Imatest 软件进行测试；灰阶可使用_____进行测试；畸变可使用_____进行测试；视场角可使用_____进行测试。

（3）一般导线电阻测量值应小于_____Ω。

（4）视觉传感器可以检测对象物体的_____、_____、位置等。

（5）中科慧眼视觉传感器需要使用_____软件进行测试，测试的电脑需要连接网络。

（二）问答题

（1）查阅资料，比较 CCD 与 CMOS 图像传感器的区别，并分析目前手机上使用的是哪种图像传感器。

（2）图像传感器可测量对象物体的位置、长度和距离，测量的原理是什么？

五、评价及总结

（一）自我评价

结合自己的学习过程及学习效果，对自己的学习主动性和效果进行自评，评价等级为优、良、合格和不合格，针对出现的失误进行反思，完善改进方向及改进措施。

评价维度		评价标准	评级
学习主动性	课前	课前预习，完成老师布置的课前任务	
	课中	积极思考，参与课堂互动，辅助老师完成教学演示或模拟练习	
	课后	及时总结，完成课后练习任务，及时向老师反馈学习建议	
学习效果		1. 了解视觉传感器的主要组成和原理	
		2. 学会视觉传感器的外观检查	
		3. 学会视觉传感器连接线路的检查和性能测试	
任务实施出现的失误			
改进的方向及措施			

（二）学生互评

通过提问、观察同学的演示以及上课的情况，对同学本次学习任务的效果开展评价，评价等级为优、良、合格和不合格，指出任务实施过程中出现的失误，给出改进建议。

小组成员姓名：_____

评价维度	评价标准	评级
学习效果	1. 了解视觉传感器的主要组成和原理	
	2. 学会视觉传感器的外观检查	
	3. 学会视觉传感器连接线路的检查和性能测试	
任务实施出现的失误		
建议		

任务二　安装与调试激光雷达传感器

一、任务描述

小覃是一名智能网联汽车企业的员工，主要负责对公司品牌的智能网联汽车进行维护与保养作业，今天他需要对一辆智能网联汽车的激光雷达传感器进行维护作业，在此过程中，他需要了解激光雷达传感器的结构组成及其作用，读懂电路图和进行线路的检测，并使用测试软件对激光雷达传感器进行检测。

二、任务目标

实施步骤	素质目标	知识目标	技能目标
1. 认知并检查激光雷达传感器	1. 培养运用资源制定计划、独立决策解决实际问题的能力； 2. 树立效率意识、规范意识、安全意识，强化人际沟通、团队合作的能力； 3. 培养爱岗敬业的职业道德，严谨、务实的工作作风	1. 了解激光雷达传感器的组成和类型； 2. 理解激光雷达传感器的测距原理； 3. 熟悉激光雷达传感器的功能	1. 学会查阅产品使用手册； 2. 能分辨激光雷达传感器的类型； 3. 正确使用软件检测激光雷达传感器
2. 安装与调试激光雷达传感器		1. 了解激光雷达传感器的安装流程； 2. 熟悉激光雷达传感器装配图； 3. 掌握标定激光雷达传感器的方法	1. 学会查阅安装位置图； 2. 正确安装激光雷达传感器及连接线路； 3. 会标定激光雷达传感器
3. 测试激光雷达传感器		1. 理解激光雷达传感器测试的方法； 2. 了解激光雷达传感器测试的注意事项； 3. 掌握激光雷达传感器故障的排查方法	1. 会描述正确的测试流程； 2. 学会使用自动驾驶平台测试激光雷达传感器； 3. 学会简单的故障排除

三、实施步骤

(一) 认知并检查激光雷达传感器

技能实践

(1) 查阅产品手册等资料,检查激光雷达传感器的外观品质并清洁,见表4-2-1。

表4-2-1 激光雷达传感器外观品质检查和清洁

产品型号			产品S/N码	
外形和外观结构检查	外观结构			
	外观表面			
	传感器外壳			检查完毕,清洁
	功能标签			
连接线束检查	线束外观			
	插接器外观			

(2) 查阅维修手册等资料,检查电源线路,测量电压值和电阻值。

①测量电源线路电压,并将数据填入表4-2-2中。

表4-2-2 测量电源线路电压

针脚号	标准值	实测值	判断是否正常	备注
3#对地电压	12 V电源电压			
4#对地电压	12 V电源电压			
5#对电源正极				
6#对电源正极				

②测量电源线路的通断,并填表4-2-3。

表4-2-3 测量电源线路的通断

针脚号	标准值	实测值	判断是否正常	备注
3#与电源正极	小于1 Ω			
4#与电源正极	小于1 Ω			
5#与电源正极	小于1 Ω			
5#与电源负极	小于1 Ω			

(3) 检查信号线路，正确使用万用表测量电阻值，见表4-2-4。

表4-2-4 检查信号线路

针脚号	标准值	实测值	判断是否正常	备注
7号线（线束两侧之间电阻）	小于1Ω			以太网
8号线（线束两侧之间电阻）	小于1Ω			以太网
9号线（线束之间电阻）	小于1Ω			以太网
10号线（线束之间电阻）	小于1Ω			以太网
1号线（线束之间电阻）	小于1Ω			GPS
2号线（线束之间电阻）	小于1Ω			GPS

(4) 以激光雷达传感器为例，使用RSView软件检查传感器功能。

使用网线把笔记本电脑和激光雷达传感器连接，在表4-2-5中填入操作内容。

表4-2-5 笔记本电脑和激光雷达传感器的连接

步骤	操作内容	目的
		找到网络连接类型中的以太网连接
		设置电脑IP与激光雷达传感器IP地址同网段
		子网掩码设置成默认值
		DNS服务器地址不用填，留空
		保存退出

(5) 检查激光雷达传感器的扫描效果，并填表4-2-6。

表4-2-6 检查激光雷达传感器的扫描效果

检查项目	三维成像	备注
障碍物的轮廓	□正常□异常	
障碍物是否有漏判	□正常□异常	
障碍物是否有误判	□正常□异常	
障碍物的颜色分层	□正常□异常	远近障碍物的颜色分层
障碍物的动态响应	□正常□异常	

知识学习

1. 激光雷达传感器的作用

在组成物质的原子中，有不同数量的粒子（电子）分布在不同的能级上，在高能级上的粒子受到某种光子的激发，会从高能级跳到（跃迁）低能级上，这时将会辐射出与激发它的光相同性质的光，而且在某种状态下能出现一个弱光激发出一个强光的现象，叫作"受激辐射的光放大"，简称激光。

1）激光的特性

激光主要有四大特性：高方向性、高亮度、高单色性和高相干性。

（1）高方向性。

普通光向四面八方辐射，而激光基本沿某一直线传播，激光束的发散角很小，在有效地传递较长距离的同时，还能保证聚焦得到极高的功率密度。

（2）高亮度。

激光在单位面积、单位立体角内的输出功率特别大。激光器能产生宽度极窄的光脉冲，由于能量被集中在极短的时间内发射出来，因此光功率极高。

（3）高单色性。

光的颜色由光的波长（或频率）决定，激光器输出的光波长分布范围非常窄，因此颜色极纯。由于激光的单色性极高，从而保证了光束能精确地聚焦到焦点上，得到很高的功率密度。

（4）高相干性。

光由光子组成，具有粒子性，从激光器中发射出来的光量子由于共振原理，在波长、频率、偏振方向都是一致的，使得其具有非常强的干涉力，一般称作激光的相干性。激光的相干性好，相干长度可达几十千米。

2）激光的应用

（1）工业领域。

激光能量在时间和空间上高度集中，能在极小的区域产生极高的温度，包括激光打孔、激光切割、激光焊接、激光热处理，具有无接触、速度快、效率高、精度高等特点。

（2）军事领域。

激光在军事上应用范围很广，主要是利用它的方向性、单色性、相干性和高亮度的优点进行激光制导、激光测距、激光雷达、激光通信、激光侦察和制成激光武器等。

（3）信息领域。

激光信息处理，光存储（光盘），激光通信（或光纤通信）。

（4）激光雷达的概念。

激光雷达 LiDAR（LightLaser Detection and Ranging）以激光束为信息载体，利用相位、振幅、频率等来搭载信息，并将辐射源频率提高到光频段，能够探测极微小的目标。激光雷达是一种采用非接触激光测距技术的扫描式传感器，是一种主动传感器，通过发射激光光束来探测目标，并通过搜集反射回来的光束来形成点云和获取数据，数据经光电处理后可生成精确的三维立体图像。

激光雷达的应用涉及多个学科领域，融合了传统雷达和现代激光的优点。由于激光雷达的分辨率和灵敏度高、抗观测背景的干扰性强，能够实现全天时观测，故可以广泛应用在环境监测、地形测绘、高空探测、军事应用、民用汽车等领域。激光雷达方向性强、相干性高、单色性强，在气象领域发展迅速，可以用来侦测气溶胶、空中云雾、海洋和平流层风场、温室气体等。

（5）激光雷达的组成。

混合固态激光雷达主要由激光发射器、激光接收器、信号处理单元和旋转机构四大核心组件构成，如图 4-2-1 所示。

项目四 环境感知系统测试与装调

 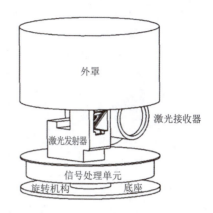

图 4-2-1 激光雷达结构

① 激光发射器。激光发射器是激光雷达中的激光发射机构，在工作过程中，它会以脉冲的方式点亮，如每秒钟可点亮和熄灭 16 000 多次。

② 激光接收器。激光发射器发射的激光照射到障碍物以后，通过障碍物的反射后，反射光线会经由镜头组汇聚到激光接收器上。

③ 信号处理单元。信号处理单元负责控制激光器发射及接收器接收到的信号的处理，并根据这些信息计算出目标物体的距离等。

④ 旋转机构。由激光发射器、激光接收器和信号处理单元构成了测量的核心部件，旋转机构负责将上述核心部件以稳定的转速旋转起来，从而实现对所在平面的扫描，并产生实时的平面图信息。

（6）激光雷达的工作原理。

激光雷达以激光作为信号源，由激光器发射出的脉冲激光打到地面的树木、道路、桥梁和建筑物上引起散射，一部分光波会反射到激光雷达的接收器上，然后通过测量反射或散射信号到达发射机的时间、信号强弱程度和频率变化等参数来计算往返的时间，从而确定被测目标的距离、运动速度以及方位。脉冲激光不断地扫描目标物，就可以得到目标物上全部目标点的数据，用此数据进行成像处理后，可得到精确的三维立体图像，如图 4-2-2 和图 4-2-3 所示。

激光雷达基本原理

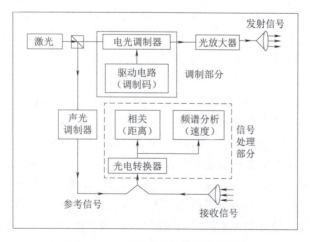

图 4-2-2 激光雷达原理方框图

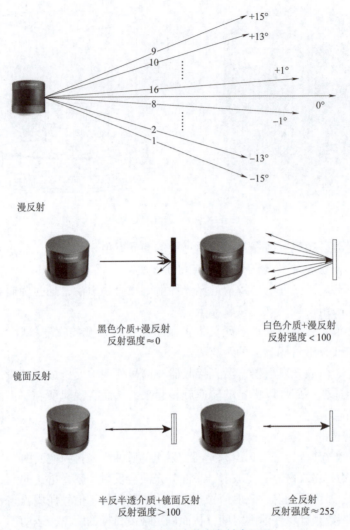

图4-2-3 激光雷达激光发射演示图

3）激光雷达测距基本原理

激光雷达测距方法一般有三角测距法、TOF（脉冲）测距法以及调幅连续波测距法，不同公司采用的测距方法不一样，我们以TOF测距法为例。

TOF（脉冲）测距的基本原理是在测距点向被测目标发射一束短而强的激光脉冲，激光脉冲到达目标后会反射回一部分被光功能接收器接收。假设目标距离为L，激光脉冲往返的时间间隔是t，光速为c，则测距公式为$L=tc/2$。时间间隔t的确定是测距的关键，实际的脉冲激光雷达利用时钟晶体振荡器和脉冲计数器来确定时间t，时钟晶体振荡器用于产生固定频率的电脉冲振荡$\Delta T=1/f$，脉冲计数器的作用就是对晶体振荡器产生的电脉冲计数N，如图4-2-4所示。

激光雷达脉冲测距法

激光雷达具有分辨率高、隐蔽性好、抗干扰能力强等优势。随着科技的不断发展，激光雷达的应用越来越广，已应用于机器人、无人驾驶、无人车等领域。随着激光雷达需求的不断增大，激光雷达的种类越来越多，按照功能、结构、线束、探测方式、发射波形等可分为不同的类型。

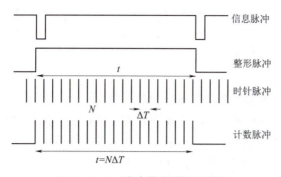

图4-2-4 脉冲激光测距原理图

2. 激光雷达分类

1）按功能分类

（1）激光测距雷达。

激光测距雷达是通过对被测物体发射激光光束，并接收该激光光束的反射波，记录该时间差，来确定被测物体与测试点的距离。其广泛应用于空间测绘领域。

（2）激光测速雷达。

激光测速雷达是对物体移动速度的测量，即通过对被测物体进行两次有特定时间间隔的激光测距，从而得到该被测物体的移动速度。

（3）激光成像雷达。

激光成像雷达可用于探测和跟踪目标，获得目标方位及速度信息等。它能够完成普通雷达所不能完成的任务，如探测潜艇、水雷、隐藏的军事目标等，在军事、航空航天、工业和医学领域被广泛应用。

（4）大气探测激光雷达。

大气探测激光雷达主要是用来探测大气中的分子、烟雾的密度、温度、风速、风向及大气中水蒸气的浓度的，以达到对大气环境进行监测及对暴风雨、沙尘暴等灾害性天气进行预报的目的。

（5）跟踪激光雷达。

跟踪激光雷达可以连续地去跟踪一个目标，并测量该目标的坐标，提供目标的运动轨迹，不仅用于火炮控制、导弹制导、外弹道测量、卫星跟踪和突防技术研究等，而且在气象、交通、科学研究等领域的应用也在日益扩大。

2）按结构分类

（1）机械激光雷达。

机械激光雷达是在高速旋转的马达壳体带动下连续旋转发射头，将竖直排列的激光发射器呈不同角度向外发射，实现垂直角度的覆盖，以将速度更快、发射更准的激光从"线"变成"面"，实现水平角度360°的全覆盖，达到动态扫描并动态接收信息的目的。

（2）混合固态激光雷达。

混合固态激光雷达是用半导体"微动"器件来代替宏观机械式扫描器，在微观尺度上实现雷达发射端的激光扫描。

(3) 固态激光雷达。

相比于机械式激光雷达，固态激光雷达在结构上最大的特点就是没有了旋转部件，个头相对较小。

3）按线数分类

(1) 单线激光雷达。

单线激光雷达实际上是一个高同频脉冲激光测距仪，加上一个一维旋转扫描，只有一路发射和一路接收，结构相对简单。单线激光雷达的特点：其扫描速度快、分辨率强、可靠性高。但单线雷达只能进行平面式扫描，不能测量物体高度，有一定的局限性，当前主要应用于服务机器人身上，如常见的扫地机器人等。

(2) 多线激光雷达。

多线激光雷达就是通过多个激光发射器在垂直方向上的分布，通过电动机的旋转形成多条线束的扫描，理论上讲线束越多、越密，对环境描述就越充分。目前在国际市场上推出的主要有 4 线、8 线、16 线、32 线和 64 线等。

4）按探测方式分类

(1) 直接探测型激光雷达。

直接探测型激光雷达的基本结构与激光测距机颇为相近。工作时，由发射系统发送一个信号，经目标反射后被接收系统收集，通过测量激光信号往返传播的时间而确定目标的距离。至于目标的径向速度，则可以由反射光的多普勒频移来确定，也可以测量两个或多个距离，并计算其变化率而求得速度。

(2) 相干探测激光雷达。

相干探测型激光雷达有单稳与双稳之分，在单稳系统中，发送与接收信号共用一个光学孔径，并由发送—接收开关隔离。而双稳系统则包括两个光学孔径，分别供发送与接收信号使用，无须发送—接收开关，其余部分与单稳系统相同。

5）激光雷达按激光发射波形分类

(1) 连续型激光雷达。

从激光的原理来看，连续激光就是一直有光出来，就像打开手电筒的开关，它的光会一直亮着，其是依靠持续亮光到待测高度，进行某个高度下的数据采集。由于连续激光的工作特点，故某时某刻只能采集到一个点的数据。因为风数据的不确定特性，用一点代表某个高度的风况，显然有些片面。因此有些厂家采取的折中办法是旋转360°，在这个圆边上面采集多点进行平均评估，显然这是一个虚拟平面中多点统计数据的概念。

(2) 脉冲型激光雷达。

脉冲激光输出的激光不是连续的，而是一闪一闪的。脉冲激光的原理是发射几万个激光粒子，根据国际通用的多普勒原理，从这几万个激光粒子的反射情况来综合评价某个高度的风况，这是一个立体的概念，因此才有探测长度的理论。从激光的特性来看，脉冲激光要比连续激光测量的点位多几十倍，更能够精确地反映出某个高度的风况。

3. 激光雷达在智能网联汽车上的应用

根据智能网联汽车驾驶的特性，并结合激光雷达高精度、高分辨率的优势及激光雷达能精确测量目标的位置、形状和状态等，达到探测、识别、跟踪目标的目的特性，目前其广泛应用于 ADAS 系统、自适应巡航控制（ACC）、前车碰撞警示（FCW）及自动紧急制动（AEB）等方向，具体表现在以下几方面。

1）障碍物检测与分割

利用高精度地图限定感兴趣区域后，基于全卷积深度神经网络学习点云特征并预测障碍物的相关属性，得到前景障碍物的检测与分割。

2）可通行空间检测

利用高精度地图限定 ROI 后，可以对 ROI 内部（比如可行驶道路和交叉口）点云的高度及连续性信息进行分析，判断点云处是否可通行。

3）高精度电子地图制图与定位

利用多线激光雷达的点云信息与地图采集车载组合惯导的信息，进行高精地图的制作。自动驾驶汽车利用激光点云信息与高精度地图匹配，以此实现高精度定位。

4）障碍物轨迹预测

根据激光雷达的感知数据与障碍物所在车道的拓扑关系（道路连接关系）进行障碍物的轨迹预测，以此作为无人车规划（避障、换道、超车等）的判断依据。

4. 激光雷达主要参数

1）线数

单线激光雷达只能获取二维平面信息，多线则可获取三维信息（通常来说线束越多，则对环境描述越充分）。

2）波长

车载激光雷达常用 905 nm 和 1 550 nm 两种激光波长（自然光 390 ~ 780 nm）。其中 905 nm 波长激光的光损失较少，且探测器价格较低，应用更为广泛；1 550 nm 波长激光器对人眼安全性更高，价格也相对更高（通常短距采用 905 nm，长距采用 1 550 nm）。

3）视场角

激光雷达视场角主要分为水平视场角及垂直视场角。水平视场角通常为 360°，垂直视场角与激光发射和接收装置的排列有关，可视范围即距离、角度测量范围，在可视范围之外即为盲区。

4）角分辨率

角分辨率表示两个相邻测距点的角度步进，与扫描频率有关［可理解为点频（每秒点云数）固定，扫描频率越高，角分辨率越低，针对细小物体的辨别能力也就越弱］。水平角分辨率通常是均匀的，但竖直角分辨率可能不均（与场景有关，如中间分辨率高，两侧分辨率低等）。

5）帧率

帧率，即转速（也可理解为扫描频率，设备采集一圈为一帧），雷达通常按梯度配置为可调，以便于角分辨率的选择。

6）精度

精度表示雷达可以感知的距离的最小变化值。

5. 激光雷达传感器的检查

激光雷达传感器及线路检查（以 RS – LiDAR – 16 速腾聚创激光雷达传感器为例）。

RS – LiDAR – 16 是深圳市速腾聚创科技有限公司最新推出的 16 线激光雷达，是世界领先的小型激光雷达，主要面向无人驾驶汽车环境感知、机器人环境感知、无人机测绘等领域。

RS-LiDAR-16 采用混合固态激光雷达方式，集合了 16 个激光收发组件，测量距离高达 150 m，测量精度为 ±2 cm 以内，出点数高达 320 000 点/s，水平测角为 360°，垂直测角为 -15°～15°。

激光雷达的检查

RS-LiDAR-16 通过 16 个激光发射组件快速旋转的同时发射高频率激光束对外界环境进行持续性的扫描，经过测距算法提供三维空间点云数据及物体反射率，可以通过机器显示周围的世界，为定位、导航、避障等提供有力的保障，如图 4-2-5 所示。

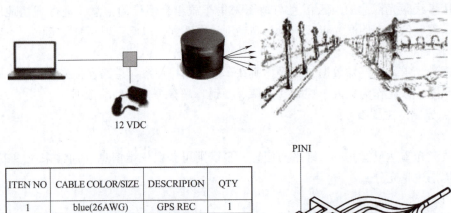

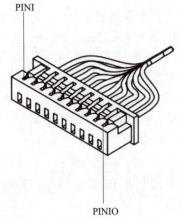

ITEN NO	CABLE COLOR/SIZE	DESCRIPION	QTY
1	blue(26AWG)	GPS REC	1
2	green(26AWG)	GPS PLUSE	1
3	red(26AWG)	+12 V	1
4	yellow(26AWG)	+12 V	1
5	white(26AWG)	GROUND	1
6	black(26AWG)	GROUND	1
7	brown(26AWG)	ethernet RX-	1
8	brown while(26AWG)	ethernet RX+	1
9	orange(26AWG)	ethernet TX-	1
10	orange white(26AWG)	ethernet TX+	1

图 4-2-5 连接线路阵脚

该激光雷达传感器安装于成都盘沣科技有限公司自动驾驶平台顶部，连接线路主要由电源线路（3、4、5、6 号阵脚）、GPS 信号（1、2 号阵脚）线路、以太网信号（7、8、9、10 号阵脚）线路等组成。

（1）激光雷达传感器外观清洁与检查。

为了能够准确地感知周围环境，RS-LiDAR-16 需要保持洁净，特别是环形的防护罩，应在清理 RS-LiDAR-16 前仔细并完整地阅读其对应清单的内容，否则不当的操作可能会损坏设备。

1. 雷达的清洁方法：

①如果雷达的表面只是黏附了一些灰尘/粉尘，可直接用洁净的纤维布蘸少量的异丙醇溶液，然后轻轻地对雷达表面拭擦清洁，再用一块干燥洁净的纤维布将其擦干。

②如果雷达表面粘上了泥浆等块状异物，首先应使用洁净水喷洒在雷达脏污部位表面让泥浆等异物脱离（注意：不能直接用纤维布将泥浆擦掉，这样做可能会划伤表面特别是

防护罩表面);其次将温的肥皂水喷洒在脏污部位,因为肥皂水的润滑作用可加速异物的脱离,再次用纤维布轻轻拭擦雷达表面,但注意不要擦伤表面;最后用洁净的水清洗雷达表面肥皂液的残留(如果表面仍有残留,可用异丙醇溶液对其再次清洁),同时用一块干燥的纤维布擦干。

雷达清洁需要的材料清单:
①洁净的纤维布;
②装有肥皂水的喷雾器;
③装有洁净水的喷雾器;
④异丙醇溶剂;
⑤干净的手套。

(2)线束检查。

检查激光雷达传感器连接线束外观是否有破损、折断,线束两端插头针脚是否有锈蚀痕迹;使用数字万用表检查激光雷达传感器电源线束和网线(直通线)是否有断路。如图4-2-6所示。

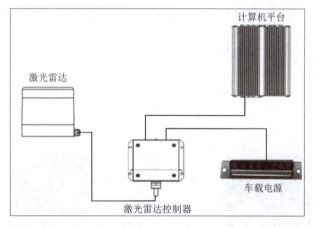

图4-2-6 线束检查

6. 激光雷达传感器的功能检查(以RS-LiDAR-16速腾聚创激光雷达传感器为例)

RSView软件提供将RS-LiDAR-16数据进行实时可视化的功能。RSView将RS-LiDAR-16得到的距离测量值显示为一个点,它能够支持多种自定义颜色来显示数据,例如反射率、时间、距离、水平角度和激光线束序号,所显示的数据能够导出并保存为CSV格式,但是RSView目前不支持导出LAS、XYZ或者PLY格式文件。

1) RSView软件的安装流程

RSView的安装文件支持Windows的64位操作系统,安装前不需要安装其他辅助软件。RS-LiDAR-16包装里面的U盘中有RSView的安装包RSView_X.X.X_Setup.exe,也可以从Robosense的官网上面下载最新版本的RSView安装包,单击执行并根据安装提示操作即可,安装完成后会在桌面生成快捷方式。RS-LiDAR-16用户手册安装路径不可以有中文字符。雷达出厂时设定IP地址,因此默认情况下需要设定计算机静态IP地址及子网掩码。此外还需要确保RSView没有被防火墙或第三方安全软件禁止。

2) RSView 软件的使用

RSView 软件操作流程如下：

(1) 将 RS-LiDAR-16 接通电源，并用网线与电脑连接。

(2) 右键使用管理员权限打开并运行 RSView 软件。

(3) 单击 "File" — "Open" 并选择 "Sensor Stream"，如图 4-2-7 所示。

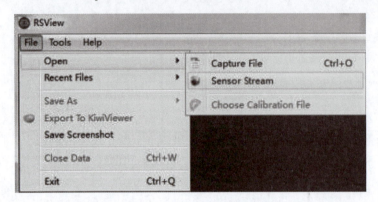

图 4-2-7　选择 "Sensor Stream"

(4) 在弹出的 "Sensor Configuration" 窗口中，默认包含一个命名为 "RSlidar16 CorrectionFile" 的雷达参数目录，但是应为 "Add" 新雷达对应的参数目录，否则显示的点云图形将会混乱。选择配置文件所在文件夹后单击 "OK" 按钮，如图 4-2-8 所示。

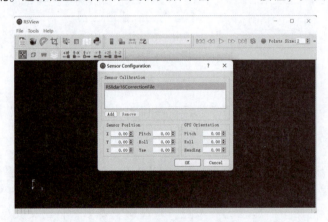

图 4-2-8　选择配置文件所在文件夹

(5) 注意配置文件的文件夹路径中不能包含中文或者中文字符，并且所选择文件夹下需要有三个 CSV 格式文件（"angle.csv" "ChannelNum.csv" "curves.csv"）。通常可以在 RS-LiDAR-16 包装里面的 U 盘中找到对应的配置文件夹 "configuration_data"。配置文件夹存放路径不允许有中文字符。

(6) RSView 开始显示实时采集到的数据，可以通过单击 "Play" 按钮暂停，再单击一次可以继续显示，如图 4-2-9 所示。

(7) 保存 RS-LiDAR-16 数据为 PCAP 格式。

在实时显示数据时单击 "Record" 按钮，使按钮变为红色，如图 4-2-10 所示。

在弹出的"Choose Output File"对话框中，选择需要保存的路径和保存的文件名后，单击"保存（S）"按钮，如图 4-2-11 所示。

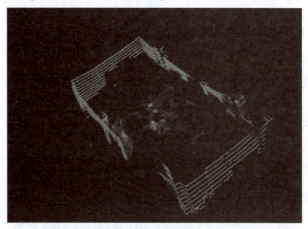

图 4-2-9 实时数据

图 4-2-10 单击"Record"按钮

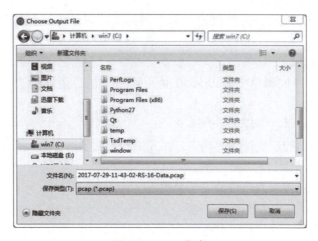

图 4-2-11 保存

（二）安装与调试激光雷达传感器

技能实践

1. 激光雷达的安装

1）激光雷达安装前准备

需安装的零部件主要包括_____、_____和_____。

2）需使用的工具

通用工具套件、扭力扳手、水平仪、记号笔等。

2. 激光雷达的安装步骤

1）激光雷达安装位置的确定

步骤1：万向节底座位置的确定。以车顶横梁长度为基准，测量出横梁的中心位置，记录测量数据 $S_1 = S_2 = ($) mm，并做好定位标识，如图 4-2-12 所示。

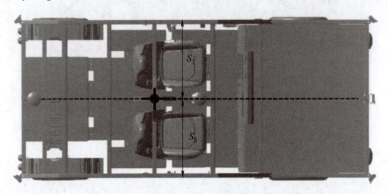

图 4-2-12　万向节底座位置的确定

步骤2：安装固定激光雷达底座，使用 T 形螺栓组件将安装基座的下部固定在横梁中间位置。

步骤3：激光雷达支架的安装。将激光雷达的底座安装在支架上。

2）激光雷达传感器的安装

步骤1：激光雷达安装方向的确定。激光雷达安装时_____朝车头（有线束端为后端）。

步骤2：激光雷达的安装及固定。

步骤3：使用水平仪调整安装基座角度并紧固。左右角度为_____，前倾角度为_____。

3）激光雷达控制器的安装

步骤1：激光雷达控制器位置的确定。激光雷达控制器的中心位于 MEMS 惯导主机 XY 坐标的_____重合安装即可。

步骤2：激光雷达控制器位置的安装及固定。

4）激光雷达部件线束的连接

步骤1：断开电源。

步骤2：将激光雷达与控制器主机的缆线连接，连接_____V 电源线插接器。

步骤3：激光雷达控制器与路由器的数据连接。将网线水晶头插入路由器的_____端口。

3. 激光雷达传感器的标定（以盘沣科技有限公司自动驾驶观光车平台为例）

激光雷达是识别周围环境的重要传感器之一，通过标定可以使其在整个自动驾驶系统中更加精准地识别障碍物的位置、距离、相对速度等信息，辅助自动驾驶汽车完成避障功能。

知识学习

1. 激光雷达传感器产品参数（以速腾聚创 16 线激光雷达为例，见表 4-2-7）

表 4-2-7　激光雷达传感器产品参数（以速腾聚创 16 线激光雷达为例）

传感器	• TOF 法测距 16 通道 • 测距：20 cm ~ 150 m（目标反射率 20%） • 精度：±2 cm（典型值） • 视角（垂直）：±15°（共 30°） • 角分辨率（垂直）：2° • 视角（水平）：360° • 角分辨率：0.09°（5 Hz）~ 0.36°（20 Hz） • 转速：300/600/1 200 r/min（5/10/20 Hz）
	• Class 1 • 波长：905 nm • 激光发射角：水平 3 mrad；垂直 1.2 mrad
输出	• 320×10^3 点/s • 百兆以太网 • UDP 包中包含距离信息、旋转角度信息、经校准的反射率信息、同步的时间标签（分辨率 1 μs）
机械/电子操作	• 功耗：9 W（典型值） • 工作电压：12 V DC • 重量：0.840 kg（不包含数据线） • 尺寸：直径 109 mm × 高 82.7 mm • 防护安全级别：IP67 • 工作温度范围：-100 ~ 600 ℃

必须严格按照产品的参数来确定连接的电源类型和信号类型，以保证设备安全和功能使用正常。

设备供电要求电压为 9 ~ 32 V DC，推荐使用 12 V DC。

设备工作状态下功耗约为 9 W（典型值）。

2. 激光雷达传感器的安装

1）传感器机体安装

激光雷达是实现自动驾驶最重要且必不可少的传感器之一，其主要功能包括障碍物检测、道路边缘检测、地图构建等，其在智能网联汽车领域应用的关键技术体现在点云分割、道路提取、环境建模与地图构建、障碍物检测与跟踪和多传感器融合等。由于不同类型的激光雷达作用不一样，故其在车上安装的位置有很大的区别。

（1）单线激光雷达、固态激光雷达的安装位置。

固态激光雷达和单线（一线）激光雷达，一般用于前方测距和目标障碍物探测等，通常安装于车辆的前保险杠或中网格栅后。

(2) 多线激光雷达的安装位置。

多线激光雷达用于目标位置(距离与角度)、形状(大小)及状态(速度、姿态)的精确测量,障碍物的检测与分割,可通行空间的检测,高精度电子地图的制图与定位,障碍物轨迹的预测等,通常安装于车顶或车辆左右两侧。

(3) 速腾聚创 16 线激光雷达安装。

速腾聚创 16 线激光雷达通常安装在车顶上,用于固定激光雷达的安装底座,故建议尽可能平整,不要出现凹凸不平的现象。

安装底座上的定位柱应严格遵循激光雷达底部定位柱的深度,定位柱的高度不能高于 4 mm;安装底座的材质建议使用铝合金,有助于激光雷达的散热;激光雷达固定安装时,倾斜角度不建议超过 90°,倾斜角度过大会对激光雷达的寿命造成影响。

激光雷达安装走线时,不要将雷达上面的线拉得太紧绷,需要保持线缆具有一定的松弛。

2) 线路安装

RS – LiDAR – 16 激光雷达从主机下壳体侧面引出的缆线(电源/数据线)使用了标准的 SH1.1.25 接线端子,接线端子针脚序号如图 4 – 2 – 13 所示。RS – LiDAR – 16 激光雷达的 SH1.25 接线端子应插入 Interface BOX 中对应的位置。

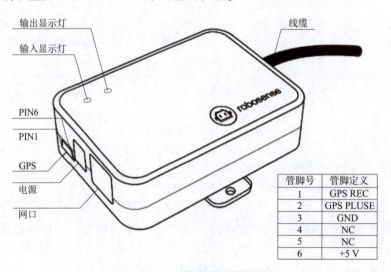

图 4 – 2 – 13 接线端子针脚序号

注意:RS – LiDAR – 16 的"地"与外部系统连接时,外部系统供电电源的负极("地")与 GPS 系统的"地"必须为非隔离共地系统。

电源正常输入时,红色电源输入指示灯亮起;电源正常输出时,绿色电源输出指示灯亮起。当输入指示灯点亮,输出指示灯暗灭时,Interface BOX 进入保护状态;如输入指示灯及输出指示灯同时暗灭,则应检查电源输入是否正常,如电源输入正常,即 Interface BOX 可能已经损坏,需返厂维修。

激光雷达传感器整车联调测试

3. 激光雷达传感器的标定(以盘沣科技有限公司自动驾驶观光车平台为例)

激光雷达是识别周围环境的重要传感器之一,通过标定可以使其在整个自动驾驶系统中,更加精准地识别障碍物的位置、距离、相对速度等信息,帮助自动驾驶汽车完成避障功能。

1)标定场所选择

为了更好地完成激光雷达的标定,接下来要将小车遥控至合适的标定场地中心,对于激光雷达标定场地的选择,有以下标准:

(1)标定场地中心 8 m 范围内需要有轮廓清晰的静态参照物,如电线杆、建筑物、车辆,并避免过多动态障碍物。如果静态障碍物距离较远,则会严重影响标定效果。

(2)确保路面平坦,在移动的过程中,激光雷达不能有过大的抖动。

(3)确保全球卫星导航系统 GNSS 信号良好,不要有过多的干扰。

(4)远离大功率的电气设备,如配电室等。

2)连接激光雷达设备

激光雷达设备与工控机之间是通过路由器的局域网进行连接的,但激光雷达对外发送数据的 IP 地址(192.168.1.102)是固定唯一的,因此需要将工控机的 IP 地址设置成激光雷达发送数据的目标地址。

(1)打开上位机,进入 Ubuntu 操作界面之后,单击右上角的以太网网络连接图标,找到并进入网络设置页面。

(2)查看 IPv4 地址,如果工控机 IP 地址已经是 192.168.1.102,则直接保存退出,不需要修改;如果不是,则按照图 4 – 2 – 14 进行修改。

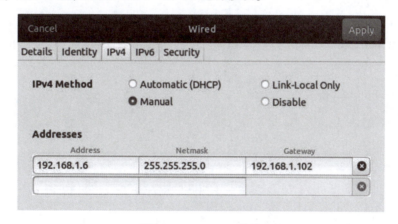

图 4 – 2 – 14　IPv4 地址

(3)启动 Apollo 控制界面(见图 4 – 2 – 15),打开终端 Terminal,按照标定实训指导书的指令输入程序,执行完成之后,终端窗口中会出现一个网页链接,使用鼠标右键单击该链接,在弹出的菜单选项中选择"Open Link"打开网页进入 Apollo 控制界面(DreamView);打开所需功能模块并检查运行状态,在"DreamView"界面的右上角单击"—setup mode—",选择模式为"Dev_ kit debug";单击"—vehicle—",选择车型为"Dev_ kit"。

单击界面左侧的"Module Controller"标签页,再启动"GPS""Localization""Lidar"三个模块,每个模块前面都有一个灰色的矩形按钮,鼠标左键单击按钮使其变为蓝色,即可以启动对应的模块。

图 4-2-15 启动 Apollo 控制界面

（4）打开一个新的终端，依次执行监视界面的指令，进入 Apollo 系统监视界面，检查各模块的工作情况。在打开的监视界面中检查以下几个参数：

①检查 apollo/localization/pose 项目的 Frame Ratio 约为 100。

②检查 /apollo/sensor/lidar16/Point Cloud2 项目的 Frame Ratio 约为 10。

③检查 apollo/sensor/gnss/best_pose 项目的 Frame Ratio 约为 100，且 "sol_type" 状态显示为 "NARROW_INT"。

3）录制激光雷达数据

在所有模块都正常工作之后，就可以开始录制激光雷达的数据，将观光车开到标定场地中心，然后单击 "Recorder" 按钮，遥控自动驾驶观光车，按照 "8" 字形的轨迹缓慢移动，如图 4-2-16 所示。

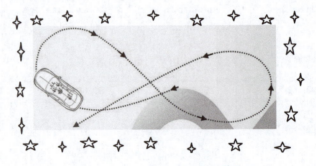

图 4-2-16 "8" 字形移动轨迹

按照以上轨迹行驶 3~5 圈后，再次单击 "Recorder" 按钮，完成数据的录制。录制完成的数据包将会保存在以时间长命名的文件夹中，文件夹的位置在 apollo/data/bag 目录。如果在录制数据的过程中插入了移动硬盘，则系统会将数据包存储到可用容量较大的硬盘中，如果移动硬盘可用容量较大，则存储路径为移动硬盘的 data/bag 目录。

4）数据处理

运行数据处理指令执行完毕之后会在之前设置的输出目录中得到一个 "lidar_****" 文件夹，该文件夹中所包含的信息就是通过数据抽取工具处理出来的激光雷达点云图像和坐标姿态信息等，之后需要将处理出来的文件夹上传至 "激光雷达处理计算机" 做进一步处理。运用标定结果，在/apollo/data/bag/calibration/export/result 目录下找到生成的三个文件（一个外部参考文件与两个 PCD 点云图像文件），打开终端运行指令"pcl_ viewer"，查看点云图像，如图 4-2-17 所示。

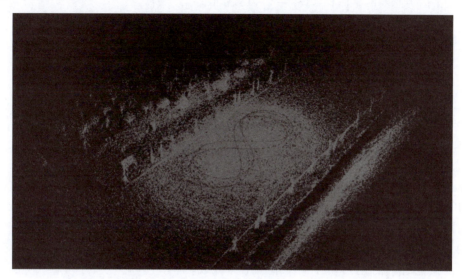

图 4-2-17　点云图像

若点云图像能清晰分辨障碍物类别，则说明标定成功，确认得到的外部参考文件合理，将发送的外部参考文件的 rotation、translation 值替换掉（Home/apollo/modules/calibration/data/dev_ kit/velodyne_ params/lidar_ params/velodyne16_ novatel_ extrinsics. yaml 中对应的 rotation、translation 值），即正式完成了激光雷达的标定。

（三）测试激光雷达传感器

技能实践

（1）激光雷达与自动驾驶平台的连接使用的是_____，涉及路由器和网线的连接、IP 地址的设置、_____电话卡的安装与使用等。

（2）启动激光雷达模块的各种程序指令输入要正确，标定雷达的流程要正确。

（3）激光雷达数据处理要严格按照流程来完成。

（4）启动自动驾驶功能后，要将_____拿在手里，随时准备接管自动驾驶小车的控制权，以防止危险事故的发生。

（5）线路故障，包括激光雷达的_____、信号线（网线与 SPS）等，一般采用测量_____的方法来排除。

（6）程序指令输入错误，字母的错误包括_____、增减空格等。

（7）网络信号不稳定，需要_____网络信号良好的地方。

（8）GPS 信号_____，需排查附近的辐射干扰源并远离。

（9）IP 地址配置_____，会导致网络无法连接成功。

知识学习

1. 激光雷达传感器测试的注意事项

激光雷达传感器测试流程如图 4-2-18 所示。

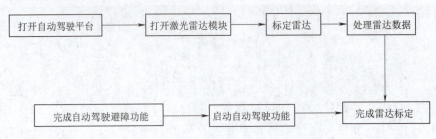

图 4-2-18 激光雷达传感器测试流程

注意事项：

（1）激光雷达与自动驾驶平台使用的是局域网连接，涉及路由器和网线的连接、IP 地址的设置、4G 电话卡的安装与使用等。

（2）启动激光雷达模块各种程序指令的输入及标定雷达的流程要正确。

（3）激光雷达数据处理要严格按照流程来完成。

（4）启动自动驾驶功能后，要将遥控器拿在手里，随时准备接管自动驾驶小车的控制权，以防止危险事故的发生。

2. 一般故障的排除

（1）线路故障，包括激光雷达电源线、信号线（网线与 SPS）等的故障，一般采用测量导通的方法来排除。

（2）程序指令输入错误，字母的错误包括增减字母、增减空格等。

（3）网络信号不稳定，需要移动到网络信号良好的地方。

（4）GPS 信号受干扰，需排查附近的辐射干扰源并远离。

（5）IP 地址配置错误。

3. 基于激光雷达传感器的自动驾驶测试（以盘沣科技自动驾驶小车为例）

自动驾驶避障的测试流程如下：

（1）上电并打开工控机。

打开工控机，进入 Ubuntu 系统运行终端（直接打开或采用键盘快捷键"Ctrl" + "Alt" + "T"）。

基于激光 SLAM
自动驾驶功能
得实现

（2）启动 CAN 卡并进入"DreamView"界面。

启动工控机后，在桌面上打开命令行（Terminal），操作如下：

①在盘沣科技自动驾驶小车调试时，应该在新打开的终端中启动 CAN 卡模块，输入"/home/apollo/can_ start. sh"命令；或在主文件目录中找到对应的"can_ start. sh"文件，将其拖入终端中即可。

②输入完命令后，单击键盘中"回车"键，并根据提示输入密码确认操作。

（3）选择录制的虚拟车道线并打开相应模块。

①在浏览器中打开（http：//localhost：8888），模式选择为"Dev Kit Debug"，选择车型为"Dev Kit"，选择对应的虚拟车道线或高精地图，在"Module Controller"标签页启动

"Canbus""GPS""Localization""Transform"等模块。

②定位模块启动后，需要接收定位数据，通常需要等待 1 min 左右。在"cyber_monitor"界面中，查看"tf""tf_static""/apollo/localization/pose"数据，这三个数据在"cyber_monitor"中均显示为绿色，代表定位模块启动成功。用方向键翻页"/apollo/sensor/gnss/best_pose"，查看"sol_type"字段是否为"NARROW_INT"（厘米级定位设置）；用方向键翻页查看 IMU 有数据刷新，即表明 GPS 模块配置成功。

③在"dreamview"中启动"lidar"模块，检查 Lidar 数据是否正常。

使用"cyber_monitor"，查看"channel"详细数据，数据无异常则说明激光雷达适配成功。

④检查各模块"channel"是否正确。

⑤启动 Lidar 感知。

确认各模块正常启动且"channel"输出正常后，在"DreamView"上启动"Lidar Perception"，使用"cyber_monitor"查看"/apollo/perception/obstacles"是否正常输出。

⑥验证 Lidar 感知。

在"DreamView"上启动"Perception"模块，在"DreamView"上查看障碍物颜色以及位置速度信息（自行车青蓝色，行人黄色，车辆绿色），确保在"DreamView"上能看到障碍物且"/apollo/perception/obstacles"有障碍物信息。

（4）启动自动驾驶：

①在"Module Controller"标签页启动"Canbus""Planning""Prediction""Routing""Control"模块。

②在"Routing Editor"标签中单击"Add Point of Interest"按钮添加一个"point"，然后选择"Send Routing Request"按钮发送添加的"routing"点。

③验证"Planning""Prediction""Routing""Control"模块是否启动成功。

④当在车辆前方存在人或者自行车（车上有人）时，在"task"标签页查看"planning"轨迹线，正常情况下"planning"会重新规划轨迹。

⑤在"docker"环境中输入命令"cyber_monitor"并查看"planning channel"信息。

⑥启动自动驾驶。

在附近没有人员和车辆的情况下，遥控器下放权限并在"task"标签页中单击"start auto"，使车辆进入自动驾驶状态，在车辆自动驾驶这个过程中做好随时用遥控器接管车辆控制权的准备，以确保安全。

四、知识考核

（一）填空题

（1）多线激光雷达用于_____、_____及_____的精确测量，障碍物的检测与分割，_____，高精度电子地图的制图与定位，障碍物轨迹的预测等，通常安装于_____。

（2）激光主要有四大特性：_____、_____、_____和_____。

（3）混合固态激光雷达主要由_____、_____、_____和_____四大核心组件构成。

（4）激光雷达测距方法一般有_____、_____以及_____。不同公司采用的测距方法不一样。

（5）TOF（脉冲）测距的基本原理是在测距点向被测目标发射一束短而强的_____，激光脉冲到达目标后会反射回一部分被光功能_____。

（6）激光雷达是识别周围环境的重要传感器之一，通过_____可以使其在整个自动驾驶系统中，更加精准地识别障碍物的_____等信息，辅助自动驾驶汽车成_____。

（二）问答题

（1）配置激光雷达时要注意哪些问题？
（2）如何解决"sol_ type"条目长时间不显示"NARROW_ INT"的问题？
（3）激光雷达线束装配后为什么要做检查？

五、评价及总结

（一）自我评价

结合自己的学习过程及学习效果，对自己学习的主动性和效果进行自评，评价等级为优、良、合格和不合格，针对出现的失误进行反思，完善改进方向及改进措施。

评价维度		评价标准	评级
学习主动性	课前	课前预习，完成老师布置的课前任务	
	课中	积极思考，参与课堂互动，辅助老师完成教学演示或模拟练习	
	课后	及时总结，完成课后练习任务，及时向老师反馈学习建议	
学习效果		1. 了解激光雷达传感器的主要组成和原理	
		2. 学会激光雷达传感器的外观检查和清洁方法	
		3. 学会激光雷达传感器连接线路的检查和测试	
任务实施出现的失误			
改进的方向及措施			

（二）学生互评

通过提问、观察同学的演示以及上课的情况，对同学本次学习任务的效果开展评价，评价等级为优、良、合格和不合格，指出任务实施过程中出现的失误，给出改进建议。

小组成员姓名：_____

评价维度	评价标准	评级
学习效果	1. 了解激光雷达传感器的主要组成和原理	
	2. 学会激光雷达传感器的外观检查和清洁方法	
	3. 学会激光雷达传感器连接线路的检查和测试	
任务实施出现的失误		
建议		

 任务三　安装与调试超声波雷达传感器

一、任务描述

超声波雷达传感器是一种使用了超声波测距、测速技术，用于对目标进行相对速度、距离、相位（X/Y/Z角度）进行测量的雷达。自动驾驶汽车中所使用的超声波雷达传感器，最大探测距离超过150 m，使用的一般是77 GHz、24 GHz雷达。77 GHz雷达安装于车辆前方，用于探测前方障碍物的距离、角度；24 GHz雷达安装于车辆左、右侧后方，用于探测侧后方来车。本次任务为通过搭建超声波雷达传感器工作环境，以及计算机软件获取超声波雷达传感器对目标的测量信息，实现超声波雷达传感器对目标相对距离、角度等信息的测量。

二、任务目标

实施步骤	素质目标	知识目标	技能目标
1. 认识并检查超声波雷达传感器	1. 培养运用资源制定工作计划、独立决策解决实际问题的能力； 2. 树立效率意识、规范意识；强化人际沟通、团队合作的能力； 3. 培养爱岗、敬业的职业道德，严谨、务实的工作作风	1. 掌握超声波雷达传感器的结构组成及工作原理； 2. 熟悉超声波雷达传感器的参数及性能； 3. 掌握不同频率超声波雷达传感器的技术特点（24 GHz、77 GHz）	1. 能独立完成超声波雷达传感器的通信参数设置； 2. 能正确完成超声波雷达传感器的各参数检查
2. 安装与调试超声波雷达传感器		1. 熟知超声波雷达传感器的安装条件； 2. 掌握超声波雷达传感器的安装步骤及注意事项	1. 能正确完成超声波雷达传感器的安装； 2. 能独立完成超声波雷达传感器的调试
3. 测试超声波雷达传感器		1. 熟悉超声波雷达传感器的测试软件； 2. 掌握超声波雷达传感器的常见问题； 3. 熟悉超声波雷达传感器的测试流程	1. 能够正确分析超声波雷达传感器的常见故障； 2. 能独立完成超声波雷达传感器的测试

三、实施步骤

（一）认识并检查超声波雷达传感器

技能实践

（1）结合实训室超声波雷达传感器的结构，写出图 4-3-1 中各零部件的名称。

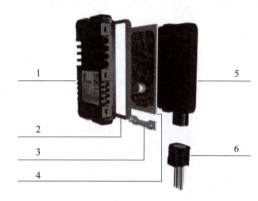

1：_____；2：_____；3：_____；4：_____；5：_____；6：_____

图 4-3-1　超声波雷达传感器分解图

（2）写出雷达端口接头针脚的功能，如表 4-3-1 所示。

表 4-3-1　雷达端口接头针脚的定义及功能

雷达端口接头针脚定义	针脚	符号	颜色	功能
	1	VBAT	红	
	2	GND	黑	
	3	CAN0 L	黄	
	4	CAN0 H	绿	
	5	CAN1 L	蓝	
	6	CAN1 H	橙	
	7	HSD OUT1	白	
	8	HSD OUT2	褐	

（3）按下面步骤对吉利智能网联汽车超声波雷达传感器进行线路测量。

①以吉利智能网联汽车为例，检查吉利左后超声波雷达传感器电源线束，如图 4-3-2 所示。

a. 操作启动开关使电源模式至"OFF"状态。

b. 断开左后超声波雷达传感器线束连接器 SO119a。

c. 操作启动开关使电源模式至"ON"状态。

d. 使用万用表根据表 4-3-2 测量各端子。

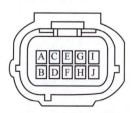

图 4-3-2　吉利 SO119a 左后超声波雷达传感器电源线束接头

表4-3-2 电压测量

测量端子1	测量端子2	标准值	测量值
SO119a（I）	车身接地	标准电压：11~14 V	

②确认电压是否符合标准值。

若实际电压值不在正常区间，则_____或_____线束。

③检查左后超声波雷达传感器接地线束，如图4-3-3所示。

a. 操作启动开关使电源模式至"OFF"状态。

b. 断开左后超声波雷达传感器线束连接器SO119a。

c. 使用万用表根据表4-3-3测量各端子。

表4-3-3 电阻测量

测量端子1	测量端子2	标准值	测量值
SO119a（H）	车身接地	电阻：小于1 Ω	

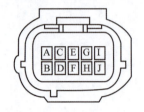

图4-3-3 吉利左后超声波雷达传感器接地线束接头

d. 确认电阻是否符合标准值。

若实际电阻值不在正常区间，则_____或_____线束。

知识学习

超声波雷达传感器是工作在超声波频段30~300 GHz频域（波长为1~10 mm）的雷达传感器，它通过发射与接收高频电磁波来探测目标，后端信号处理模块利用回波信号计算出目标的距离、速度和角度信息。超声波雷达传感器是智能网联汽车的核心传感器之一，其中24 GHz雷达传感器、77 GHz雷达传感器主要用于汽车的避障。

1. 超声波雷达传感器的结构

超声波雷达传感器主要由天线、射频组件、信号处理模块以及控制电路等构成，其中天线和射频组件是核心的硬件部分。

车载毫米波雷达的结构

1）天线

天线是实现超声波发射和接收的部件，由于超声波的波长只有毫米长度，故天线可以实现小型化，即设计多根天线形成列阵，集成在PCB板上。这种天线PCB板具有体积小、重量轻、成本低、电性能多样化以及易集成等多种优点。

2）射频组件

射频组件负责超声波信号调制、发射、接收以及回波信号的解调等，为满足车载雷达小体积、低成本等要求，目前主流的方案就是将射频组件集成化，即单片微波集成电路（MMIC）。MMIC通过半导体工艺在砷化镓（GaAs）、锗硅（SiGe）或硅（Si）芯片上集成了包括低噪声放大器（LNA）、功率放大器、混频器、上变频器、检波器等多个功能电路。通过MMIC芯片，射频组件具有集成度高、成本低等特点，大幅简化了超声波雷达传感器的结构，如图4-3-4所示。

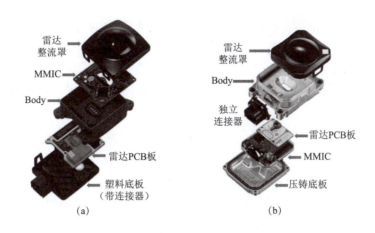

图 4-3-4 超声波雷达传感器结构

(a) Bosch 第 2 代长距离雷达;(b) Bosch 第 3 代长距离雷达

2. 超声波雷达传感器的特点

超声波雷达传感器具有以下优点。

1) 探测距离远

超声波雷达传感器探测距离远,最远可达 250 m 左右。

2) 响应速度快

超声波雷达传感器的传播速度与光速一样,并且其调制简单,配合高速信号处理系统可以快速地测量出目标的角度、距离和速度等信息。

3) 适应能力强

超声波雷达传感器具有很强的穿透能力,在雨、雪、大雾等恶劣天气依然可以正常工作,而且不受颜色与温度的影响。

超声波雷达传感器的缺点是覆盖区域呈扇形,有盲点区域。除此之外,超声波雷达传感器无法识别道路标线、交通标志和交通信号灯。

3. 超声波雷达传感器的工作原理

超声波雷达传感器利用高频电路产生特定调制频率(FMCW)的电磁波作为传输介质,并通过天线发送电磁波和接收从目标反射回来的电磁波,根据发送和接收电磁波的实时数据来计算目标的各个参数。

车载毫米波雷达的工作原理

超声波雷达传感器可以同时对多个目标进行测距、测速以及方位测量。其测速原理是根据多普勒效应,而方位测量(包括水平角度和垂直角度)是通过天线的阵列方式来实现的,如图 4-3-5 所示。

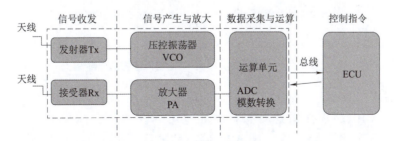

图 4-3-5 多普勒效应测量相对速度和距离原理图

多普勒效应超声波雷达传感器系统通过微带阵列天线向外发射超声波（即调频连续波），接收目标反射信号，处理后获取汽车车身周围的物理环境信息（如汽车与目标之间的相对距离、相对速度、方位角度等），判断其危险性，并根据危险等级提醒或协助驾驶员做出报警、减速和制动等相对应的措施，主动地避免危险路况，减少事故的发生，如图4-3-6所示。

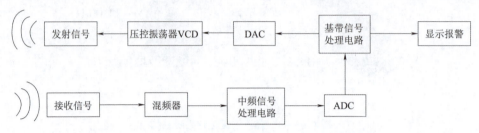

图4-3-6 超声波雷达传感器系统工作原理系统框图

4. 超声波雷达传感器的类型

超声波雷达传感器可以按照工作原理、探测距离和频段进行分类。

1）按工作原理分类

超声波雷达传感器按工作原理的不同可以分为脉冲式超声波雷达传感器与调频式连续超声波雷达传感器两类。脉冲式超声波雷达传感器通过发射脉冲信号与接收脉冲信号之间的时间差来计算目标距离；调频式连续超声波雷达传感器是利用多普勒效应测量得出不同目标的距离和速度。脉冲方式测量原理简单，但由于受技术、元器件等方面的影响，实际应用中很难实现。目前，大多数车载超声波雷达传感器都采用调频式连续超声波雷达传感器。

车载毫米波雷达分类

2）按探测距离分类

超声波雷达传感器按探测距离可分为近距离（SRR）、中距离（MRR）和远距离（LRR）超声波雷达传感器。

3）按频段分类

超声波雷达传感器按采用的超声波频段不同，划分有24 GHz、60 GHz、77 GHz和79 GHz超声波雷达传感器，主流可用频段为24 GHz和77 GHz，如图4-3-7所示。

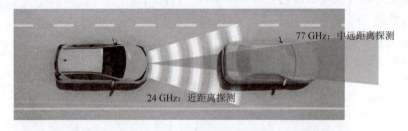

图4-3-7 24 GHz和77 GHz超声波雷达传感器

目前车载雷达的频率主要分为24 GHz频段和77 GHz频段。与24 GHz超声波雷达传感器相比，77 GHz超声波雷达传感器的距离分辨率更高，体积更是小了三分之一。2018年，中国新车评价规程（C-NCAP）将自动紧急制动系统（AEBS）纳入评分体系，从而带动 77 GHz 超声波雷达传感器在未来的市场需求。从长远来看，77 GHz 超声波雷达传感器的体积更小、探距更长，使得其较 24 GHz 超声波雷达传感器将具备更大的市场空间，见表 4-3-4。

表 4-3-4　超声波雷达传感器 24 GHz 和 77 GHz 比较

频率	24 GHz	77 GHz
探测距离	短距 SRR，中距 MRR	长距 LRR（200 m 以上）
特点	探测距离短，探测角度大，在中短距离中有明显优势	探测距离长，角度小，天线是 24 GHz 的三分之一，雷达本体可缩小，识别精度高，且穿透力强
其他	与其他设备共享频段	独占频段
车速上限	150 km/h	250 km/h
应用场景	盲区检测 BSD； 车道偏离预警 LDW； 车道保持辅助 LKA； 泊车辅助 PA； 变道辅助 LCK	自适应巡航 ACC； 自动紧急制动 AEB； 前向碰撞预警 FCW

5. 超声波雷达传感器的技术参数

超声波雷达传感器的技术参数主要有最大探测距离、距离分辨率、距离测量精度、最大探测速度、速度分辨率、速度测量精度、视场角、角度分辨率和角度测量精度等。

(1) 最大探测距离指超声波雷达传感器所能检测目标的最大距离，不同的雷达，最大探测距离是不同的。

(2) 距离分辨率表示距离方向分辨两个目标的能力。

(3) 距离测量精度表示单目标的距离测量精度，取决于信噪比。

(4) 最大探测速度指超声波雷达传感器能够探测目标的最大速度。

(5) 速度分辨率表示速度维区分两个同一位置目标的能力。

(6) 速度测量精度表示单目标的速度测量精度，取决于信噪比。

(7) 视场角分为水平视场角和垂直视场角，是指超声波雷达传感器能够探测的角度范围。

(8) 角度分辨率表示在角度维区分相同距离、相同速度目标的能力。雷达的角度分辨率一般较低，在实际情况下，由于距离、速度分辨率较高，故目标一般可以在距离维和速度维被区分开。

(9) 角度测量精度表示单目标的角度测量精度。

各厂家生产的超声波雷达传感器的技术参数见表 4-3-5。

表 4-3-5 主要超声波雷达传感器供应商的产品技术参数

公司	超声波雷达传感器产品	频率范围/GHz	最大探测距离/m	探测视角	刷新率/ms
博世	LLR4 远程	76~77	250	±6°（200 m）/±10°（100 m）/±15°（30 m）/±20°（5 m）	60
博世	MMR 中程向前	76~77	160	±6°（160 m）/±9°（100 m）/±10°（60 m）	60
博世	MMR 中程向后	76~77	80	±5°（70 m）/±75°（近距离）	60
大陆	ARS441 远程	76~77	250	±9°（250 m）/±45°（70 m）/±75°（20 m）	60
大陆	ARS510 远程	76~77	200	±4°（200 m）/±9°（120 m）/±45°（40~70 m）	55
大陆	SRR520 近程	76~77	100	±90°	50
大陆	SRR320 近程	24	95	±75°	40
海拉	24 GHz 雷达	24	70	±82.5°	50
德尔福	ESR 2.5	77	175	±10°（175 m）/±45°（60 m）	50
德尔福	MRR 中程	77	160	+45°	50
德尔福	SRR 2 近程	77	80	±75°	50

6. 超声波雷达传感器装配图的识读

1）超声波雷达传感器的外观认知

超声波雷达传感器主要由后盖密封胶圈、散热片、PCBA、前盖及端口组成，如图 4-3-8 所示。

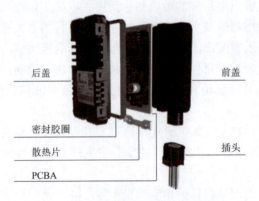

图 4-3-8 超声波雷达传感器装配图

2）超声波雷达传感器雷达端口接头针脚的功能

超声波雷达传感器雷达端口接头针脚的功能见表 4-3-6。

表4-3-6 雷达端口接头组成及功能

雷达端口接头8管脚定义	管脚	符号	颜色	功能
	1	VBAT	红	9~36 V
	2	GND	黑	地
	3	CAN0_L	黄	保留
	4	CAN0_H	绿	
	5	CAN1_L	蓝	雷达数据接口
	6	CAN1_H	橙	
	7	HSD OUT1	白	高边驱动输出1
	8	HSD OUT2	褐	高边驱动输出2

ESRR角雷达（短距）及EMRR前向雷达（中距）CAN接口上实现的功能包括以下几方面：

（1）输出原始测量点迹和跟踪后的目标航迹信息。

（2）输出雷达运行状态、故障信息。

（3）固件及标定参数刷写。

（4）车身信号接收，如车速、横摆速率等信号。

（5）雷达工作参数配置，可以配置各种过滤条件、碰撞区域、报警输出以及雷达工作模式等参数。

（二）安装与调试超声波雷达传感器

技能实践

（1）按照安装流程实施超声波雷达传感器的安装，并写出超声波雷达传感器的安装实施步骤及注意事项。

（2）结合虚拟仿真软件实施超声波雷达传感器调试，写出超声波雷达传感器联机调试的步骤及注意事项。

（3）按照流程校准凌志轿车超声波雷达传感器，将下面步骤填写完整。

①按照维修手册拆卸前保险杠总成。

②拆卸超声波雷达传感器总成。

a. 断开超声波雷达传感器连接器。

b. 拆下3个螺栓和超声波雷达传感器总成。

c. 调节超声波雷达传感器总成，如图4-3-9所示。

调节距离：在图4-3-9中，调节*1的距离约为_____m，调节*2的距离约为_____m。

注意事项：在水平表面上进行测量，确保车辆前方_____面积的区域内无大块金属。如有可能，则确保周边也无大块金属物。

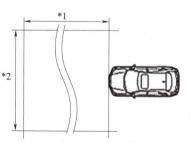

图4-3-9 调节超声波雷达传感器总成

③调节超声波雷达传感器波束轴前，先对车辆做以下准备。

a. 检查轮胎压力，使轮胎符合标准气压_____kPa。

b. 从车辆上卸下超重物（行李、重物等）。

c. 拆下冷气进气管密封。

④检查、调节雷达传感器的垂直方向，并调节水平仪，如图4-3-10所示。

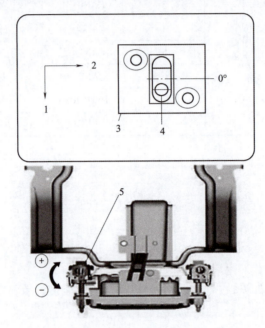

图4-3-10　调节水平仪

1—车辆前侧；2—车辆左侧；3—水平仪；4—气泡；5—螺栓A

a. 清除雷达传感器水平支架上的尘土、油污和异物。

b. 在雷达传感器的水平支架上固定水平仪。

c. 检查并确认_____在水平仪方框内。

如果气泡不在方框内，则使用螺丝刀调节螺栓直到气泡在方框内。提示：水平仪方框的可调节范围为±0.2°，目标角度为+0.2°（0.2°向上角度）。调试结果见表4-3-7。

表4-3-7　水平、垂直调节参考值和实施值

调节方向	调节程序	调节角度标准	实际调节值
垂直调节	向上方向：将螺丝刀向负（-）侧转动	转动螺丝刀一圈时，调节改变约0.12°	
	向下方向：将螺丝刀向正（+）侧转动		

⑤调节反射器高度，调节反射器使反射器中央高度与超声波雷达传感器相同。

准备一根10 m的线、一根带尖头重锤（铅锤）的线和一把长5 m的卷尺，如图4-3-11所示。

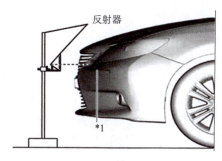

图4-3-11 调节反射器高度

⑥放置反射器。

a. 从车辆后徽标的中心悬挂细绳（带重物），在地面上标记车辆后中心点。对车辆前部重复此程序。

b. 将长10 m细绳的一端固定在车辆后中心点上。将细绳通过车辆前中心点拉至超过车辆前中心点5 m的位置做好标记，如图4-3-12所示。

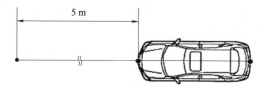

图4-3-12 5 m位置标记

c. 在标记位置放置反射器，如图4-3-13所示。

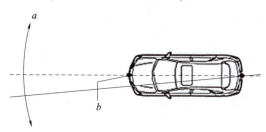

图4-3-13 反射器放置位置

注：a点为左右移动细绳调节中心；b点为前中心点延展细绳

传感器与发射器的位置如图4-3-14所示。

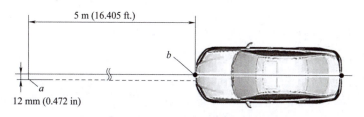

图4-3-14 传感器与发射器位置

注：a点为射器放置点；b点为超声波雷达传感器位置

知识学习

1. 超声波雷达传感器的安装条件及位置

1)安装条件

车载超声波雷达传感器安装于车辆前部的进气隔栅或者前后部的保险杠位置。雷达天线罩指向车辆行驶方向,接插件朝下。在理想情况下,雷达安装的前端天线罩前方最好不要有额外的覆盖件或者经过喷涂的保险杠。如果雷达必须安装于覆盖件之后,例如保险杠或者其他的覆盖件,则需要特别注意覆盖件的材料选择、形状设计、涂料以及雷达的相对位置。覆盖件表面的水滴、水膜和积雪都可能引起额外的信号衰减并进一步导致性能和功能受限。

(1)开放式安装。

要求雷达与周边的最小距离须大于 10 mm,保证即使是在冬天的环境中积雪或冰粘在间隙时仍有空气流通。

(2)非开放式安装。

若将雷达安装于覆盖件的后方,则覆盖件上超声波穿过的部分需要具有不阻碍电磁波发射的特性,该覆盖件可认为是一种天线罩,而从原则上讲天线罩不应用导电材料(如金属)。

2)覆盖件材料的特性要求

(1)气候耐受性。

覆盖件必须能抵抗 $-40 \sim 100$ ℃ 的温度。如果不得不采用混合夹层材料,则必须保证在温度变化时材料间不会产生空气间隙。

(2)吸水性。

在 23 ℃/50% RH 条件下的吸水性必须小于或等于 0.1%。

(3)耐热性。

在 90 ℃没有空气流通的环境下超过 24 h,不应产生退化。

(4)抗紫外线性能。

覆盖件必须能够长时间抵抗紫外线辐射。

(5)水滴特性。

由于在覆盖件表面的水滴覆盖会强烈增加超声波的衰减,因此需要在覆盖件设计、喷涂方面尽量进行优化,以达到最好的去水滴效果,最终需要达到的目的是该覆盖件不易被水沾湿或者产生大的水滴接触角。

理想情况下,应尽量减少污垢的附着。雷达安装位置的空气动力学特征值具有很重要的意义。

(6)环保及再生利用。

覆盖件上必须贴上相应的材料标签。覆盖件(第二层装饰面板)是用来保护雷达模块的。雷达和覆盖件的相对位置和角度不能一概而论,要具体问题具体分析。最佳的系数性能取决于厚度、材料、形状、均匀性、距离和盖板的倾斜度。非常恰当地设计,可以保证系统应用可靠,即使存在一定的公差也没有影响。根据天线的概念,雷达加上覆盖件后将更加牢靠,可以根据需要装有喷涂的或带有标志的塑料覆盖件,但是需要更多详细的评估。

应该使用低衰减和传导系数尽可能小的复合材料来预防雷达波的失真，覆盖件厚度应尽可能均匀和平整，避免有棱角的造型。为了达到最佳的穿透性，覆盖件的厚度应适中，最好为雷达波半波的整数倍（$d = n \times 1.16 \text{ mm}$）。比较适合制作覆盖件的材料见表4-3-8。

表4-3-8 适合制作覆盖件的材料

材料	传导系数
ABS	3.12
PP	2.35
PA	2.75
PC	2.8
PC-PBT	2.9

要特别注意，即使是同一特定材料，不同供应商因使用的合成物或密度不同，材料性能也不相同，因此表4-3-8中的参数仅供参考。

另外，以上规则仅适用于雷达前端与覆盖件呈中小角度的倾斜（约30°），因此建议盖子与雷达直接的角度应小于30°，倾角太大将导致系统性能下降，同时也应避免雷达前端和覆盖件完全平行。

3）雷达的安装位置

超声波雷达传感器在智能网联汽车上的布置如图4-3-15所示，它分为正向超声波雷达传感器布置、角度超声波雷达传感器布置和侧向超声波雷达传感器布置。

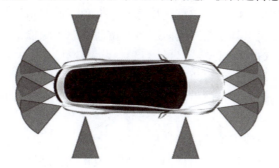

图4-3-15 超声波雷达传感器在智能网联汽车上的安装位置

（1）正向超声波雷达传感器布置。

正向超声波雷达传感器一般布置在车辆中轴线，外露或隐藏在保险杠内部。雷达波束的中心平面要求与路面基本平行，考虑雷达系统误差、结构安装误差、车辆载荷变化后，需保证与路面夹角的最大偏差不超过5°。

另外，在某些特殊情况下，当正向超声波雷达传感器无法布置在车辆中轴线上时，允许正Y向最大偏置距离为300 mm，偏置距离过大会影响雷达的有效探测范围。

（2）侧向超声波雷达传感器布置。

侧向超声波雷达传感器在车辆四角呈左右对称布置，前侧向超声波雷达传感器与车辆行驶方向成45°夹角，后侧向超声波雷达传感器与车辆行驶方向成30°夹角，雷达波束的中心平面与路面基本平行，角度最大偏差仍需控制在5°以内。

（3）超声波雷达传感器布置高度。

超声波雷达传感器在 Z 方向探测角度一般只有 ±5°，雷达安装高度太高会导致下盲区增大，太低又会导致雷达波束射向地面，地面反射带来杂波干扰，影响雷达的判断。因此，超声波雷达传感器的布置高度（即地面到雷达模块中心点的距离）一般建议为 500（满载状态）～800 mm（空载状态）。

超声波雷达传感器在布置时，还需要兼顾考虑其他因素，如雷达区域外造型的美观性、对行人保护的影响、设计安装结构的可行性、雷达调试的便利性和售后维修成本等。

2. 超声波雷达传感器安装流程

1）前期准备

所需设备：智能网联教学车、智能传感器装配台架、工具车、绝缘工作台等。

2）零部件准备

准备螺栓、前向超声波雷达传感器、前方角超声波雷达传感器、联机通信线、水平仪、角度尺等所需的工具和设备。

3）检查车辆及台架的工作状态

确认台架 220 V 电源已断开，确认车辆起停开关处于关闭状态，确定低压蓄电池负极已断开。

4）安装前向超声波雷达传感器

(1) 检查前向超声波雷达传感器和前方角超声波雷达传感器的外观及针脚。

(2) 安装前向超声波雷达传感器。

(3) 校准水平仪。

(4) 使用水平仪测量前向超声波雷达传感器俯仰角，俯仰角为 2°，误差为 ±0.3°。

(5) 选取合适的拆装工具，紧固前向超声波雷达传感器螺栓，并再次确认前仰角。

5）安装前方角超声波雷达传感器

(1) 使用校准角度尺安装前方角超声波雷达传感器。

(2) 使用角度尺测量前方角超声波雷达传感器横向水平角，横向水平角为 60°，误差为 ±2°。

(3) 紧固前方角超声波雷达传感器螺栓。

(4) 连接前向超声波雷达传感器和前方角超声波雷达传感器插接件，并检查牢固性。

3. 超声波雷达传感器联机调试

(1) 检查联机通信线车辆端接口及外观针脚，连接联机通信线车辆端并锁止。

(2) 检查联机通信线台架端接口及外观针脚，连接联机通信线台架端并锁止。

(3) 连接台架电源，并打开电源开关。

(4) 连接蓄电池负极线端子，并紧固螺栓。

(5) 打开车辆启停开关，车辆进入 ready 状态。

注意事项：将车辆遥控钥匙放在可检测区，车辆起动时踩下制动踏板。

(6) 打开虚拟仿真软件，启动调试诊断软件。

(7) 通过调试诊断软件，确认超声波雷达传感器和计算平台通信是否正常。

(8) 关闭台架电脑。

(9) 关闭车辆启停开关。

(10) 断开联机通信线,并回收。

(11) 断开车辆 12 V 蓄电池负极连接线端子。

(12) 整理工具,将工具归至工具车和设备放置的指定位置。

4. 超声波雷达传感器校准的误差

1) 雷达校准的误差

雷达校准误差包括测量的误差和人工调整的误差(机械准确度或机械、软件量化精度),测量误差范围见表 4-3-9。

表 4-3-9 测量误差范围

误差组成	水平方向	垂直方向
雷达安装误差	±3°	±3°
水平仪的测量误差	n.a	±0.1°(待定)
SDA 校准的不准确度	±0.5°	n.a

2) 超声波雷达传感器校准的失败原因

如果有以下情况发生,SDA 校准可能会失效:

(1) 驾驶条件始终不满足要求,如周边参照物、道路条件不满足。

(2) 校准过程中诊断仪与车身通信中断。

(3) 雷达安装偏差过大。

5. 超声波雷达传感器调试的环境条件

1) 超声波垂直方向调试

超声波雷达传感器的垂直方向安装调试使用水平仪进行,校准时要求如下:

(1) 超声波雷达传感器水平方向调试。

车辆停放在水平地面,车辆倾斜度不大于 ±0.3°,雷达表面清洁,尤其是水平仪三个安装定位点(如图 4-3-16 中 K 点)的定位精度需符合要求。

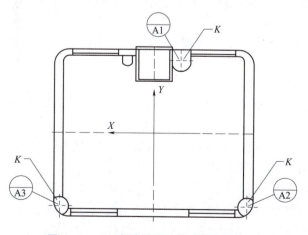

图 4-3-16 超声波雷达传感器水平调试

(2) 超声波雷达传感器水平方向安装调试。

雷达的水平方向校准使用 SDA 进行,校准时环境要求如下:

① 雷达表面保持清洁，无积雪、泥土等覆盖物。
② 避免在雨雪天进行校准。
③ 道路旁边需要静止金属目标，例如灯柱、路牌等，推荐具有金属栏杆的高速或高架路况。

2) 驾驶校准模式的驾驶条件

当开始驾驶校准后，车辆必须在一定条件下行驶，才可使驾驶校准的进度条逐渐增加至100%，完成驾驶校准过程。驾驶校准的驾驶条件见表4-3-10。

表4-3-10 驾驶校准的驾驶条件

限制条件	阈值	超差提示
最小车速	40 km/h	车速过低
最大车速	120 km/h	车速过高
最小纵向加速度	-0.5 m/s²	纵向加速度过小
最大纵向加速度	1.0 m/s²	纵向加速度过大
最大侧向加速度	2.0 m/s²	纵向加速度过大
最大转弯曲率	0.001 /m	曲率过大
ABS、ASR、ESP、MSR 触发	n·a	车辆动态条件干涉（ABS、ASR、ESP、MSR 等触发）

（三）测试超声波雷达传感器

技能实践

按照超声波雷达传感器测试流程，在台架上完成超声波雷达传感器的测试。

（1）打开台架柜门，将所需仪器仪表、线束、工具等取出并整齐摆放在台面，检查其性能是否正常。

（2）连接台架电源线束并上电，确保电脑可正常工作。

（3）测试CAN分析仪。

①短接终端电阻。

将USB CAN适配器CAN1通道的_____和_____用导线短接，CAN2通道的R+和R-用导线短接。

将CANalyst-Ⅱ分析仪左边CAN1通道蓝色拨码开关中的R1、R2都拨到上方_____位置，右边CAN2通道红色拨码开关中的R1、R2都拨到上方_____位置。

注意事项：一定要配置好终端电阻后，再将设备通过USB连接线连接电脑的USB接口，否则测试不通过时需要插拔USB重新测试。

②连接CAN1通道与CAN2通道的CAN-H和CAN-L信号线。

将适配器CAN1通道的_____和CAN2通道的_____用导线短接，CAN1通道的_____和CAN2通道的_____用导线短接，短接后的示意图如图4-3-17所示。

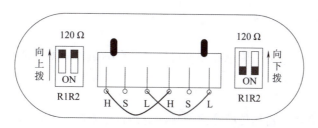

图 4 – 3 – 17　短接信号线

（4）运行 USB – CAN TOOL。

按图 4 – 3 – 17 所示示意图接好线，插入设备，单击左上角的"打开并测试"按钮，软件会自动测试（依次打开设备→初始化 CAN1/CAN2 两个通道→CAN1 发送一个序列，CAN2 接收并校验→CAN2 发送一个序列，CAN1 接收并校验→关闭设备→结果显示）。

（5）连接 CAN 盒 USB 线束，并将 USB 接口另一端插入与电脑连接（面板右下角三个 USB 接口任意一个）。

（6）将 CAN 盒通道一或通道二_____Ω 电阻拨码开关拨到"ON"。

（7）将超声波雷达传感器 CAN1 与 CAN 盒的_____Ω 通道连接，CAN_ H 对 CAN_ H，CAN_ L 对 CAN_ L。

（8）将超声波雷达传感器电源正、负极线束与直流电源连接。

（9）直流电源上电，并调整输出电压为 12 V 左右后，开启_____键。

（10）在超声波雷达传感器线束接插口处测量供电电压为 12 V 左右，且正、负极线序正确。

（11）电压无误后，将线束与超声波雷达传感器对接，并将超声波雷达传感器水平横置。

（12）打开电脑上超声波雷达传感器上位机软件。

（13）在界面的工具栏中单击_____选项，单击"Can Configuration"，在"Tool"选择对应连接上的 CAN 工具，接收数据格式中选择_____，然后单击"Apply"，关闭界面。

（14）回到主界面，单击"RADAR"，单击"installation"，在"location"栏选择对应的雷达位号，如果是前向雷达，则在"Radar Type"栏选择_____；如果是角雷达，则选择_____。单击"Apply"，再关闭界面。

（15）单击右下角_____按钮，开始监控超声波雷达传感器数据，确定超声波雷达传感器的性能。

知识学习

1. 超声波雷达传感器的性能指标

超声波雷达传感器的主要性能参数有视场角、距离误差、角度误差、速度误差、识别率、误检率和漏检率、带外杂散、距离分辨力、角度分辨力、工作电压范围、使用寿命等。

1）视场角

视场角是指在规定的试验条件且满足规定识别率的状态下，超声波雷达传感器有效识别目标的探测范围。

2）距离误差

距离误差是指超声波雷达传感器测量目标时，目标距离的测量值与其真值之差的统计值，通常用均方根表示。

3）角度误差

角度误差是指超声波雷达传感器测量目标时，目标角度的测量值与其真值之差的统计值，通常用均方根表示。

4）速度误差

速度误差是指超声波雷达传感器测量目标时，目标速度的测量值与其真值之差的统计值，通常用均方根表示。

5）识别率

识别率是指超声波雷达传感器正确识别目标信息的程度，即超声波雷达传感器有效识别报文与总报文数量的比值，通常用百分数表示。

6）误检率

误检率是指超声波雷达传感器将目标识别为一个错误目标的比例。超声波雷达传感器的错误识别报文与总报文数量的比值通常用百分数表示。

7）漏检率

漏检率是指超声波雷达传感器未能识别目标报文的比例。超声波雷达传感器无目标识别结果的报文与总报文数量的比值，通常用百分数表示。

8）带外杂散

带外杂散是指信号泄漏至带宽外的功率。

9）距离分辨力

距离分辨力是指在规定条件下，超声波雷达传感器能区分前后临近两个目标的最小距离间隔。

10）角度分辨力

角度分辨力是指在规定条件下，超声波雷达传感器能区分左右临近两个目标的最小角度间隔。

2. 超声波雷达传感器功能测试

1）视场角测试要求

目标距离范围为 0～300 m，速度范围为 -100～100 m/s，角度范围为 ±90°。

2）距离分辨力测试要求

目标距离范围为 0～300 m，速度范围为 -100～100 m/s，角度范围为 ±90°。

3. 超声波雷达传感器性能测试

不论是对于将来实现自动驾驶，还是现如今 ADAS 系统，其所需的超声波雷达传感器技术均在不断发展和完善，而雷达从优化到大量生产以及安装校准，都需要对其性能进行规范化、标准化的检测及诊断，实现对超声波雷达传感器的发射机性能、回波接收性能以及抗干扰能力的测试。根据超声波雷达传感器开发的功能，主要应用于智能网联汽车的有自适应巡航 ACC、自动紧急制动 AEB、前向碰撞预警 FCW、变道辅助 LCA、盲点检测 BSD、行人检测系统 PDS。其中对超声波雷达传感器的功能测试主要有以下几方面。

1）超声波雷达传感器的性能及参数测量

超声波雷达传感器整体模块需要对其识别的关键参数进行综合的评定，主要包括雷达探测距离的分辨率和精度，以及径向速度分辨率和精度。由于雷达本身结构的原因，雷达的接收分析测试必须基于发射机的信号进行反射，监测其对单目标、多目标、静态、动态目标的响应，以及其距离、速度、角度的分辨能力。另外，还需考虑各种干扰信号的存在对雷达信号的影响。性能测试项目见表4-3-11所示。

毫米波雷达传感器功能测试

表4-3-11 性能测试项目

序号	测试类别	测试参数
1	发射机性能测试	发射方向图、发射功率、功率×时间曲线、占用带宽、杂散、相位噪声、ELRP、有效信号带宽、有效信号周期、调频×时间曲线、调频线性度、调频线性度×时间曲线
2	接收性能测试	接收方向图、接收灵敏度、最远识别距离、识别距离精度、识别角度范围、识别角度精度、识别速度范围、识别速度精度、多目标区分
3	特性测试	接收动态范围、目标距离分辨率、目标速度分辨率
4	抗干扰测试	点频抗干扰验证、同类型信号抗干扰验证、气候环境变化验证

（1）超声波雷达传感器发射机性能测试。

主要面向车载雷达系统的发射机进行测试。检测原理为：将雷达发射机信号传输至超声波信号分析仪的输入端口，通过预制部分雷达参数显示并分析雷达发射信号的性能。对于发射机测试主要分为基本性能参数测试和信号性能测试两大部分，分别针对发射信号频率、信号功率、信号周期、信号脉冲波形质量、调频线性度等指标参数进行测试测量，如图4-3-18所示。

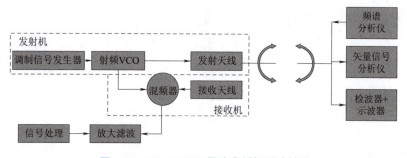

图4-3-18 FMCW雷达发射机测试结构

（2）雷达接收机性能测试。

对于雷达接收机性能测试方案，常用的检测原理为：将可匹配产生雷达信号的矢量信号源同雷达接收机相连，通过调整矢量信号源输出信号的相关参数，得到雷达接收机频率精度、频率范围、压缩比、灵敏度、多普勒频率范围等性能参数，从而对接收机性能指标进行评估，如图4-3-19所示。

(3) 雷达抗干扰性能测试。

对于超声波波段雷达抗干扰性能测试方面，除简单的单音、互调干扰外，还需要考虑以下几点：

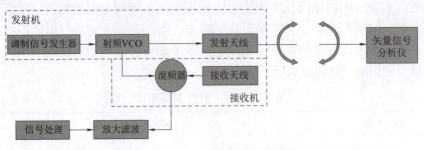

图4-3-19　FMCW雷达接收机测试结构图

①地面通信信号存在的潜在干扰。由于传统通信系统与其他超声波段无线通信系统已存在于无线环境中，因此其是否会对车载雷达系统产生干扰，从而影响车载防撞雷达工作，需要提前考虑并进行测试。

②由于车载超声波雷达传感器在场景部署方面存在一定的特殊性，如高密集车流带来的车载超声波同类信号间干扰、城市环境带来的复杂反射环境等因素，因此同类信号抗干扰及识别需要提前考虑并测试验证。

③由于天气气候对于超声波段存在影响，因此面向77 GHz超声波段的气候干扰也需要进行建模并做针对性测试。综上所述，雷达的抗干扰性能测试成为重点之一。目前的主流测试方法是通过两台矢量信号发生器，对干扰环境提供模拟，其中一台模拟雷达探测目标回波信号，另一台模拟干扰信号，通过读取雷达接收机数据信息，对雷达抗干扰能力进行评估，如图4-3-20所示。

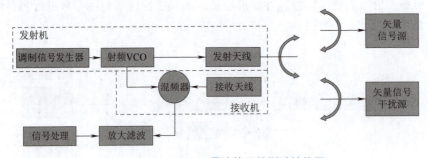

图4-3-20　FMCW雷达抗干扰测试结构图

2）超声波雷达传感器的可靠性检测

超声波雷达传感器由于部署在车辆环境中，因此需要考虑车辆不同工况下的可靠性能。由于超声波雷达传感器可以部署在车体、保险杠、驾驶室后视镜等方位，而车辆在正常行驶过程中，不同位置的工作温度和防水防尘要求均不相同，具体可参考ISO-16750相关标准。因此，超声波雷达传感器部署在不同位置时，其正常工况环境不尽相同，需要针对不同温度环境下的雷达工作性能进行评估。

4. 超声波雷达传感器的常见故障

超声波雷达传感器在使用过程中可能会出现信号失效、误报警、雷达错位、无信号采集、系统不工作、测试系统无显示等故障。

1）雷达信号失效的故障分析

故障现象：信号失效。

故障分析：由于前向超声波雷达传感器裸露安装在前包围外部，因此在行车中，前向超声波雷达传感器易被道路飞溅起的泥巴等污物遮挡，导致"失明"，这也是前向超声波雷达传感器失明报警的主要因素。除此之外，在寒冷天气，超声波雷达传感器表面容易结冰，也会导致"失明"。

排除方法：

针对超声波雷达传感器表面被污物遮挡，由于成本原因，一般主机厂并没有采取喷水等主动去除去表面遮挡物的方案，一般情况下，车主停车后将雷达表面遮挡物清除便可。

在寒冷的冬天，超声波雷达传感器表面容易形成结冰，影响信号失准也是一大隐患。为此，前装雷达厂商在超声波雷达传感器外壳内集成了加热装置，起动车辆后，可以快速升温，解除雷达表面的冰冻。

2）误报警的故障分析

故障现象：雷达误报警。

故障分析：雷达雨衰退现象可能导致雷达误报警的情况发生。在暴雨天气，超声波雷达传感器存在一定幅度的雨衰。例如，正常天气77 GHz前向超声波雷达传感器有效测距为160 m；在大雨、大雪等恶劣天气，其有效测距可能会下降到110 m，甚至更低。

在这种情况下，为了保证车辆行驶安全，系统会主动报警前向雷达故障，强制退出ADAS功能，将车辆驾驶权移交给驾驶者。

3）信号失准的故障分析

故障现象：信号失准。

故障分析：在外力的作用下，雷达的安装位置会出现错位的情况，雷达的探测范围和安装位置在出厂前经过严格标定，如因车身剧烈振动、前包围托底、擦碰等外力因素，导致雷达安装位置错位，产生信号失准故障。

针对以上问题，还在保修期内的车辆，主机厂会根据车辆位置就近安排4S店对超声波雷达传感器进行调试，对软件重新标定。

4）超声波雷达传感器系统不工作，测试系统无显示信息的故障分析

故障现象：超声波雷达传感器系统不工作，测试系统无显示信息。

故障分析：引起此故障现象的原因可能是相关线束电路故障（短路、断路、虚接等）、超声波雷达传感器自身故障（接受、发射等内部问题）、超声波雷达传感器与显示系统总线通信故障等。

排除方法：

（1）检查台架供电电压是否正常，如果存在异常，则应尽快修复。

（2）目测相关元器件、控制器、接插器及相关线路是否有松动、破损、损坏等现象，如果存在相关问题，则应及时维修或更换。

（3）检查超声波雷达传感器控制单元供电和接地是否正常，如果存在异常，应及时进行维修或更换。

（4）检查超声波雷达传感器与显示测试系统的通信状态，如果通信异常，应及时进行

维修或更换。

5）超声波雷达传感器系统工作，但数据不准确有误差故障分析

故障现象：超声波雷达传感器系统工作，但数据不准确有误差。

故障分析：引起此故障现象的原因可能是超声波雷达传感器安装问题、超声波雷达传感器校正问题、超声波控制单元故障等。

排除方法：

（1）检查超声波雷达传感器安装位置是否正确，如果不正确则应及时对超声波雷达传感器进行校正。

（2）检查超声波雷达是否正常，如果存在异常应及时进行维修或更换。

（3）检查软件系统是否正常，如果存在异常应及时进行修复。

拓展阅读

1. 在智能网联汽车中的应用

未来的智能网联汽车一定会更多地采用各种传感器，比如红外线、激光、视觉传感器和超声波雷达传感器技术，等等，这些传感器各有各的特点，为了优化智能网联汽车的应用，这几种传感器必须相互结合，从而更加精准地对周围环境进行探测，其中超声波雷达传感器技术的作用最为突出。超声波雷达传感器技术不仅可以真实可靠地对周围环境进行感知，还可以引入多种传感信息。要想提高智能网联汽车传感器的使用性能，可以使用优化算法来提高整体传感效果的技术渠道。一般来说，车载超声波雷达传感器技术可以对周围环境进行探测，并将其获取的信息共享给其他车辆。为了提高智能网联汽车的驾驶性能和智能网联汽车的安全性能，降低安全事故发生的概率，必须加大对超声波雷达传感器技术的研发力度。

超声波雷达传感器广泛应用于智能网联汽车的自适应巡航控制系统、前向碰撞预警系统、自动紧急制动系统、盲区监测系统、自动泊车辅助系统、变道辅助系统等先进驾驶辅助系统（ADAS）中，见表4-3-12。

表4-3-12 超声波雷达传感器在智能网联汽车上的应用

超声波雷达传感器类型		近距离雷达（SRR）	中距离雷达（MRR）	近距离雷达（LRR）
工作频段/GHz		24	77	77
探测距离/m		小于60	100左右	大于200
功能	自适应巡航控制系统		（前方）	（前方）
	前向碰撞预警系统		（前方）	（前方）
	自动紧急制动系统		（前方）	（前方）
	盲区监测系统	（侧方）	（侧方）	
	自动泊车辅助系统	（前方）（后方）	（侧方）	
	变道辅助系统	（后方）	（后方）	
	后碰撞预警系统	（后方）	（后方）	
	行人检测系统	（前方）	（前方）	
	驻车开门辅助系统	（侧方）		

为了满足不同距离范围的探测需要，一辆汽车上会安装多个近距离、中距离和远距离超声波雷达传感器，其中 24 GHz 雷达系统主要实现近距离（SRR）探测，77 GHz 雷达系统主要实现中距离（MRR）和远距离（LRR）探测。不同的超声波雷达传感器在车辆前方、侧方和后方发挥不同的作用。

2. 超声波雷达传感器在汽车自动驾驶中的应用

汽车自动驾驶过程中需要环境感知传感器为决策执行提供依据，目前主流的环境感知传感器包括视觉传感器、超声波雷达传感器、声波雷达及激光雷达等，由于超声波雷达传感器受恶劣天气及光线影响较少，故可以穿透雨雪、浓雾、尘霾进行全天候、全天时工作，使之成为必不可少的环境感知传感器。

超声波雷达传感器通常指工作在 30~300 GHz 频域的雷达，目前主要用于 L1 阶段，提供前车防撞预警、自适应巡航控制、变道辅助及盲点监测等辅助驾驶功能，频段主要有 24 GHz 和 77 GHz 两种，技术及应用已相当成熟。在 L2~L5 阶段，超声波雷达传感器辅助摄像头、激光雷达等进行探测补充，为车辆自动驾驶决策提供环境数据，技术及应用也逐步成熟。

作为汽车自动驾驶的领军企业——Waymo 及特斯拉就采用了两种不同的方案，Waymo 使用激光雷达为主（5 个激光雷达 +4 个超声波雷达传感器 +1 个摄像头），而特斯拉则使用视频摄像头为主（8 个摄像头 +1 个超声波雷达传感器 +12 个超声波雷达传感器）。由此可见，超声波雷达传感器由于其不可替代性及成本可控，已成为自动驾驶解决方案中必不可少的传感器，其作用主要是辅助探测，与其他传感器互补。

目前超声波雷达传感器暂时无法撼动视觉传感器或激光雷达的核心传感器地位，如果未来超声波雷达传感器要在汽车自动驾驶领域得到更好的应用，还需要解决分辨率及成像等难题。

3. 超声波雷达传感器在车路协同系统中的应用

超声波雷达传感器因具有探测距离远、测速精度高、集成度高、受天气条件影响较小等特点，在智能车路协同系统中得到了广泛应用。随着车路协同技术的发展，适用于多种场景感知的超声波雷达传感器产品不断涌现，如交通场景雷达、汽车雷达、智能检测雷达等，此类超声波雷达传感器为道路管理、车端决策提供实时场景信息，在车路系统中发挥着不可替代的作用。目前超声波雷达传感器技术正向着高分辨率、多维度、高智能的方向发展，多通道集成技术、三维成像技术、雷达级联成像技术、基于超声波雷达传感器的障碍物识别与分类技术等是当前的研究热点。超声波雷达传感器新技术将融入更多车路协同场景中，发挥重要的感知作用，提升交通效率。

1）智能交叉路口

在城市的交叉路口交通场景中，由于多路口交通量汇入、信号灯调节干扰等，导致交通环境复杂、车流量大、交叉路口行人密集，极易造成拥堵或者交通事故。基于车路协同技术构建的智能交叉路口，综合区域内感知设备获取的交通信息，可以对信号灯、经过车辆、行人等做合理规划与管控，有效疏解车辆与行人，缩短车辆通行时间，减少拥堵与交通事故，提高交叉路口通行效率。

安装在路侧的交通雷达，具备目标检测、目标类型识别、车流量统计、车速检测、目标状态跟踪、车队长度检测等能力。车载超声波雷达传感器可以实时检测车辆周围目标速度、位置等信息，除作为本车规划与决策单元的有效输入之外，还可将此信息上传至交叉路口智能网联平台，成为交叉路口交通信息的有效补充。超声波雷达传感器和摄像头联动，辅助管理部门对交叉路口内的车辆进行交通执法。合理布局超声波雷达传感器设备，实现雷达监视范围覆盖所有路口，可有效感知整个交叉路口的交通信息，掌控整个交叉路口的交通状态。路侧交通雷达监视各路口车辆、行人状态，车载超声波雷达传感器融合其他设备感知本车周围障碍物信息，所有感知信息、信号灯信息、交通管理信息等上传至智能网联平台。车辆订阅智能网联平台，获取盲区信息、信号灯信息、交通管控信息等。交叉路口控制中心通过智能网联平台获取车辆、非机动车、行人等状态信息，利用局部协同控制算法技术优化设置信号灯相位，规划车辆行驶路线及速度，保障车辆、非机动车辆、行人的交通安全及快速通行。

2）智能高速/快速路

高速公路/城市快速路对驶入车辆类型、车速有明确规定，划分有超车道、快车道、慢车道、应急车道，对每个车道的车速范围有明确的限制，禁止行人、非机动车、超标车辆等进入，行驶环境相对于普通道路较简单，作为城市市区内、城市间路网主干，承担着较大比重的交通量。根据规划与建设特点，高速/快速公路可分为出入匝道口、通行路段、服务区。出入匝道口承担着引导车流汇入、分流主干道车流、通行收费等任务，易发生拥堵与事故。通行路段，划分多类型车道，通行效率受天气条件、违规行驶车辆、事故车辆等事件影响。服务区输入车流速度较慢，输出匝道口车流汇入主路，影响主干道的通行效率。

引入车路协同技术构建智能高速/快速公路，利用感知设备实时监控匝道口、通行路段、服务区匝道口交通信息，智能网联平台汇聚高速/快速公路交通信息和管理信息，控制中心依据路况信息协同管控车流、优化路网，智能网联汽车依据传感器及控制中心信息规划本车行驶路径，避免拥堵和交通事故，提高高速/快速路通行效率。

匝道口安装交通雷达，可进行车流量检测、车辆分类、车速检测、逆行检测等，为管理中心实时提供匝道口交通信息。行驶路段路侧安装交通雷达，具有交通计数与分类、事件检测、应急车道占用、与摄像头联动执法等功能。长距雷达可在高速行驶环境下感知远距离障碍物，角向雷达辅助车辆感知周围信息，以便于为变道超车、自动巡航、防止碰撞、列队行驶等提供感知信息。车内智能检测雷达，检测驾驶人员、乘客人数、乘客人员的心率与呼吸，可防止疲劳驾驶、人员超载，并具备人员健康状况检测功能。

3）智能停车场

停车场是行驶车辆的目的地，合理的设计与布局，可以减少车辆在公路上行驶的时间，既可提高通行效率，又可方便居民停车。现实生活中停车场出、入口比较难找，停车位数量不可预知，一些地下停车场内部布局复杂，给车主带来了很多麻烦。针对停车难的问题，引入车路协同技术，智能化设计停车场。停车场位置信息、收费信息、车位数量上传云平台，方便车主订阅与查看。停车场出、入口智能设计，引导车辆安全通行。实时共享停车场内部高精地图，方便车辆找停车位。车辆利用感知设备与高精地图自主泊车，解决车主停车焦虑。

道闸雷达，安装在停车场出入口，可以识别车辆与行人，控制闸杆抬起、落下，有效防止闸杆误伤行人与车辆。车位检测雷达，检测车位有无停车，上报空余车位。车载宽带成像雷达可以获取停车场三维信息，引导车辆前行，辅助车辆自主泊车。车内智能检测雷达，检测车内生命体征，防止婴儿遗忘车内，并具备车辆侵入告警功能。超声波雷达传感器与其他传感器构成智能停车场感知架构，提升停车场工作效率，方便车主使用。

4. 技术发展趋势

（1）长期来看，最终车载超声波雷达传感器将会统一于 77 GHz 频段（76~81 GHz），该频段带宽更大、功率水平更高、探测距离更远。相比于 24 GHz，77 GHz 超声波雷达传感器物体分辨准确度提高 2~4 倍，测速和测距精确度提高 3~5 倍，能检测行人和自行车，且设备体积更小，更便于在车辆上安装和部署。

（2）77 GHz 频率范围是全球装配永久认可的权威频段，因此更适用于全球车辆平台。其中 76~77 GHz 主要用于长距离超声波雷达传感器，77~81 GHz 主要用于中短距离超声波雷达传感器。

（3）未来 79 GHz 频段（77~81 GHz）中短距离超声波雷达传感器会成为中距离 MRR 的主流，且有望全面替代 24 GHz 短距离雷达，取代周期取决于各国工业水平、市场趋势及政策力度。

四、学习测试

（一）填空题

（1）声波一般分为_____、_____和_____三类。

（2）超声波的波形一般分为_____、_____和_____。

（3）超声波在空气中的传播速度为 340 m/s，发射点与障碍物表面之间的距离 L 根据计时器记录的时间 t 计算，即检测距离公式_____。

（4）超声雷达在智能网联汽车常见的分为_____和_____两大类。

（5）超声波雷达传感器工作频率一般有_____、_____和_____三种。频率越高，灵敏度_____、_____和_____，水平与垂直方向的探测角度就_____。

（6）泊车库位检测一般采用_____超声波传感器。

（二）简答题

（1）简述视场角及距离分辨力的测试方法。

（2）智能网联汽车上超声波雷达传感器调试校正如何进行？

五、评价及总结

（一）自我评价

结合自己的学习过程及学习效果，对自己学习主动性和效果进行自评，评价等级为优、良、合格和不合格，针对出现的失误进行反思，完善改进方向及改进措施。

评价维度		评价标准	评级
学习主动性	课前	课前预习，完成老师布置的课前任务	
	课中	积极思考，参与课堂互动，辅助老师完成教学演示	
	课后	及时总结，完成课后练习任务，向老师反馈学习建议	
学习效果		1. 能够说出超声波雷达传感器的结构组成； 2. 能够理解超声波雷达传感器的工作原理； 3. 能够掌握不同频率超声波雷达传感器的技术特点	
		1. 能够分析超声波雷达传感器的常见故障； 2. 能独立完成超声波雷达传感器的检测	
		1. 能够礼貌沟通； 2. 树立爱岗敬业的职业道德、严谨务实的工作作风	
任务实施出现的失误			
改进的方向及措施			

（二）学生互评

通过提问、观察同学的演示以及上课的情况，对同学本次学习任务的效果开展评价，评价等级为优、良、合格和不合格，指出任务实施过程出现的失误，给出改进建议。

小组成员姓名：_____

评价维度	评价标准	评级
学习效果	1. 能够说出超声波雷达传感器的结构组成； 2. 能够理解超声波雷达传感器的工作原理； 3. 能够掌握不同频率超声波雷达传感器的技术特点	
	1. 能够分析超声波雷达传感器的常见故障； 2. 能独立完成超声波雷达传感器的检测	
	1. 能够礼貌沟通； 2. 树立爱岗敬业的职业道德、严谨务实的工作作风	
任务实施出现的失误		
建议		

任务四　安装与调试超声波雷达传感器

一、任务描述

在智能网联汽车上，超声波雷达传感器一般应用于车辆前后预警、避障以及侧向车位探测等。目前车辆根据不同需求配备的超声波传感器数量不等，根据不同功能安装位置不一样。本任务重点讲述超声波雷达传感器的认知、检测等内容。作为一名技术员，需要你从事智能网联汽车车载超声波雷达传感器的检测工作，你应具备哪些知识？能完成任务吗？

二、任务目标

实施步骤	素质目标	知识目标	技能目标
1. 认识并检查超声波雷达传感器	1. 树立效率意识、规范意识，强化人际沟通、团队合作的能力； 2. 培养爱岗敬业、吃苦耐劳的劳动精神，树立严谨务实、精益求精的工作作风	1. 熟知超声波雷达传感器的结构，并能讲述其部件名称和作用； 2. 熟知超声波雷达传感器的分类，并能正确选用超声波雷达传感器； 3. 熟知超声波雷达传感器的参数及性能	1. 能认知超声波雷达传感器结构零件，并能正确连接线束； 2. 能正确说明超声波雷达传感器接口的定义； 3. 能独立完成超声波的检查
2. 安装与调试超声波雷达传感器		1. 熟悉超声波雷达传感器接口的定义及说明； 2. 熟悉超声波雷达传感器的安装步骤； 3. 熟悉超声波雷达传感器线束的安装工艺	1. 能够正确连接线束，并能完成整车布线； 2. 能独立安装和调试超声波雷达传感器
3. 测试超声波雷达传感器		1. 掌握超声波雷达传感器的故障现象及排除方法； 2. 掌握超声波雷达传感器的信号测试流程	1. 能独立完成超声波雷达传感器线束的检查； 2. 能独立完成超声波雷达传感器的信号测试

三、实施步骤

(一) 认识并检查超声波雷达传感器

技能实践

超声波雷达传感器控制器接口定义。

(1) RS485 输出引脚定义如图 4-4-1 所示。

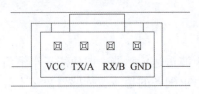

图 4-4-1 超声波雷达传感器控制器 RS485 输出引脚定义

(2) 引脚定义说明见表 4-4-1。

表 4-4-1 超声波雷达传感器控制器 RS485 输出引脚定义说明

序号	引脚名称	引脚含义
1	VCC	
2	TX/A	
3	RX/B	
4	GND	

(3) 控制器探头接口定义如图 4-4-2 所示。

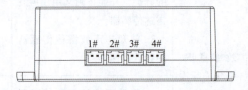

图 4-4-2 超声波雷达传感器控制器探头接口定义

(4) 控制器探头接口定义说明见表 4-4-2。

表 4-4-2 超声波雷达传感器控制器探头接口定义说明

序号	接口名称	接口描述
1	1#	
2	2#	
3	3#	
4	4#	

知识学习

认识并检查超声波雷达。

超声波雷达传感器是利用超声波特性制成的雷达,根据声波从发射信号到接收反射波所用的时间,计算出与障碍物的相对距离。

1)超声波传感器的结构

(1)直探头超声波探头结构。

直探头结构主要由压电晶片、吸收块(阻尼块)、保护膜、引线等组成。压电晶片多为圆板形,厚度为 δ。超声波频率 f 与其厚度 δ 成反比。压电晶片的两面镀有银层,作导电的极板。阻尼块的作用是降低晶片的机械品质,吸收声能量。如果没有阻尼块,则当激励的电脉冲信号停止时,晶片将会继续振荡,加长超声波的脉冲宽度,使分辨率变差,如图 4-4-3 所示。

(2)空气超声波探头结构。

空气超声探头的发射和接收装置是分开设置的,两者结构也略有不同。探头结构中的共振盘、阻抗匹配器是为了提高超声波的发射与接收效率而设计的。空气传导的超声波发射器和接收器的结构示意图如图 4-4-4 所示。

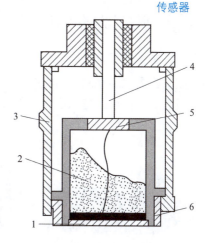

图 4-4-3 超声波探头结构图

1—保护膜;2—吸收块;3—金属壳;
4—导电螺杆;5—接线片;6—压电晶片

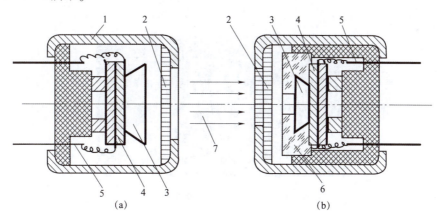

图 4-4-4 超声波收发探头

(a)超声波发射器;(b)超声波接收器

1—外壳;2—金属丝网罩;3—锥形共振盘;4—压电晶片;5—引脚;6—阻抗匹配器;7—超声波束

2)智能网联汽车超声波雷达传感器组成

超声波雷达传感器系统一般由超声波传感器、控制器和显示部分组成。

(1)超声波传感器。

超声波传感器(简称探头)用于发射以及接收超声波信号,通过超声波传感器可以测量距离和探测位置。超声波传感器一般分为两大类,一类是用电气方式产生超声波,一类是用机械方式产生超声波,如图4-4-5所示。

超声波传感器中常用压电超声发生器,其原理是利用压电晶体的共振来工作。超声波探头内部有两个压电晶片和一个共振板,当脉冲信号与压电晶片的固有振荡频率相等的频率作用于其两极时,压电晶片将产生共振并驱动谐振器板振动,从而产生超声波。如果两个电极之间没有施加电压,则当共振板接收到超声波时,压电晶片振动,机械能被转换成电信号,此时它成为超声波接收器。超声波传感器利用压电效应原理将电能和超声波相互转换。

(2)控制器。

控制器是控制脉冲调制电路产生一定频率的脉冲,运算处理接收电路送来的信号,换算出距离值后将数据与显示器通信或其他设备通信,如图4-4-6所示。

图4-4-5 超声波探头　　　　图4-4-6 超声波雷达传感器控制器

(3)显示器或蜂鸣器。

显示器或蜂鸣器的作用是接收主机传输的距离数据或报警信息,并根据设定的距离值提供不同级别的距离提示和报警信息,如图4-4-7所示。

图4-4-7 超声波雷达传感器显示器

3)超声波雷达传感器工作原理

智能网联汽车超声波雷达传感器由控制器控制脉冲调制电路产生一定频率的脉冲,脉冲调制电路驱动超声波传感器向一个方向发射超声波,在发射的同时计数器开始计数,超声波在空中传播,遇到障碍物时撞击障碍物表面反射回来。超声波接收器接收到反射后立即停止发射超声波,接收电路接收到超声波信号后将其转换成电信号送至控制器进行数据处理,即超声波雷达传感器的工作原理。超声波在空气中的传播速度为340 m/s,发射点与障碍物表面之间的距离 L 根据计时器记录的时间 t 计算,即检测距离 $L=$($t\times$

超声波脉冲
回波检测原理

340）/2，如图 4-4-8 所示。

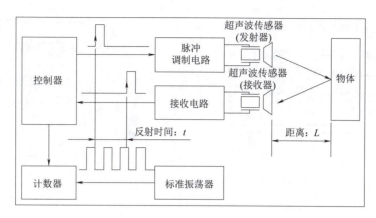

图 4-4-8　超声波雷达传感器工作原理方框图

（二）安装与调试超声波雷达

技能实践

1. 超声波雷达传感器的安装

根据超声波雷达安装流程，填写完成超声波雷达传感器安装步骤。

1）超声波雷达传感器安装前准备

（1）需安装的零部件。

超声波雷达传感器控制器 2 套，超声波雷达传感器探头 2 套，超声波雷达传感器线束。

（2）需使用的工具。

通用工具套件、电钻、_____、美工刀、盒尺、_____等。

（3）场地要求。

场地不小于 20 m²，铺设绝缘垫，龙门式举升机，绝缘通用工具，设置安全标识牌，配备干粉灭火器，配备安全防护用品（绝缘手套、绝缘鞋等绝缘防护用品）。

2）开孔工作

（1）准备工作。

车辆水平停放，各胎压符合标准。

（2）测量后保险杠探头水平安装距离并确定左、右两边探头位置，车后最外侧两边的探头尽量安装在车后保险杠转角 A _____ 处，如图 4-4-9 所示。

（3）计算车后四个探头水平安装间距并做好探头开孔标识，间距 L = _____ mm，如图 4-4-10 所示。

（4）测量右前、后探头安装距离和位置，L = _____ mm，如图 4-4-11 所示。

（5）计算车右前、后探头位置并做好探头开孔标识（左前后探头测量同理），如图 4-4-11 所示。

（6）用游标卡尺测量探头直径，ϕ_1 = _____ mm。

（7）选择合适的开孔钻头，开孔钻头直径为 ϕ_2 = _____ mm。

（8）开孔并清理探头孔。

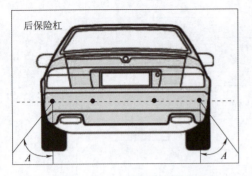

图4-4-9 后探头安装位置

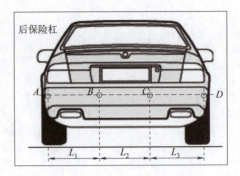

图4-4-10 开孔标识

图4-4-11 右前探头安装位置

3）超声波雷达传感器探头安装

（1）确定标记超声波雷达传感器探头顺序与主机盒上插孔的对应关系。

（2）确定探头的安装方向以及角度。

（3）使用安装夹具将探头按照夹具的配合卡口推进卡紧。

4）超声波雷达传感器线束安装步骤

（1）整理超声波雷达传感器线束。

①确定线束走向。

②插件处线束预留_____ ~ _____mm 余量。

（2）包扎超声波雷达传感器线束。

①采用密集缠绕法。

②过孔和过拐角棱边时线束套波纹管保护。

（3）波纹管线束装配。

（4）固定超声波雷达传感器线束。

5）超声波雷达传感器部件安装及连接

（1）安装主控制器，如图4-4-12所示。

（2）超声波雷达传感器线束连接。

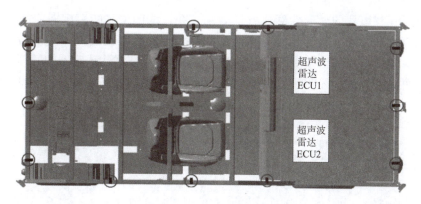

图 4-4-12 主控制器安装

2. 超声波雷达传感器的调试

按照超声波雷达传感器调试流程，完成超声波雷达传感器的测试步骤。

1）前期准备

设备或仪器：超声波雷达传感器（实验台或实验箱），万用表，_____，_____，卷尺。

超声波传感器
功能测试

2）安全要求与注意事项

注意人身和设备安全；场地面积足够，无障碍物；功能检测时，学员应在指定工作区域，以免随意走动造成干扰。

3）调试方法

（1）在工作区放置工作牌，将超声波雷达传感器安装在支架上。

（2）将超声波雷达传感器和控制盒线束连接。

（3）打开超声波雷达传感器控制盒供电开关和超声波电源开关。

（4）在超声波的正前方放置障碍物或站立人模拟障碍物。

（5）观察超声波雷达传感器是否有声。

（6）前、后、左、右移动障碍物，听取蜂鸣器____有响声。

（7）使用卷尺测量蜂鸣器有效范围内的距离，L = _____ m。

（8）记录测量数据：_____；超声波雷达传感器测量数据：_____。将记录数据和出厂数据进行对比，处理数据，算出误差。

知识学习

1. 超声波雷达传感器装配图的识读

1）智能网联汽车超声波雷达传感器布线图的识读

智能网联汽车超声波雷达传感器布线图按照超声波雷达传感器部件的数量、大小、装配位置来进行布线。布线图的识读能方便查看线束的走向、连接部件的数量及安装位置，便于循线跟踪。按超声波雷达传感器布线图的线束编制将线束分配到各条线束中去，并与各个插件的位置号严格对应，如图 4-4-13 所示。

2）智能网联汽车超声波雷达传感器接线图的识读

智能网联汽车超声波雷达传感器接线图是按照整车上超声波雷达传感器部件与部件之间实际的线束连接关系进行绘制的。为了更加直观地识读接线图，通常不使用电器图形符号表示，而采用该电器的外形轮廓或特征表示。在接线图中将线束中同向的导线画在一起，真实地反映了超声波雷达传感器实际的线路情况，也方便查找线路中间的分支、接点，为接线和检测电路提供方便。识读接线图前应对超声波雷达传感器的原理和组成有一定的了解，并通过识读接线图熟悉超声波雷达传感器部件的电气连接关系，如图4-4-14所示。

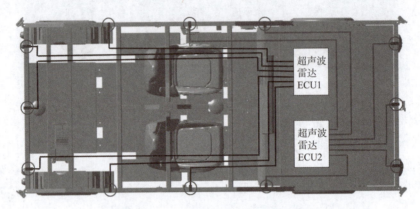

图4-4-13 超声波雷达传感器布线图

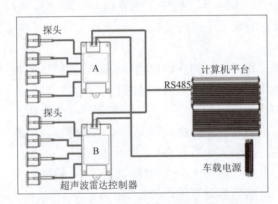

图4-4-14 超声波雷达传感器接线图

2. 超声波雷达传感器线束装配要求

智能网联汽车超声波雷达传感器整车线束装配是将其各种类型的导线包扎成束，根据布线图和原理图按工艺标准进行布线安装。

1）超声波雷达传感器线束包扎

线束外包扎起到耐磨、阻燃、防腐蚀、防止干扰、降低噪声和美化外观的作用，在装配前需要用阻燃的绒集胶布或机械性能比较好的波纹护套对线束包扎进行有效的保护，在使用的同时也可减少占用空间和方便部件接线。

2）超声波雷达线束装配

（1）车内线束装配工艺内容见表4-4-3。

表 4-4-3 车内线束装配工艺

车内线束装配工艺内容			
线束装配： 传感器线束沿车身内门槛内板、车顶纵梁、A 柱、B 柱等向主控制器方向走线			
主要工艺参数	质量要求	工艺内容	设备检具
1. 插件处线束应有 20~40 mm 的活动余量。 2. 插体两端 30~50 mm 必须有固定点。 3. 两固定点间距 100~200 mm，其他固定点间距不大于 100 mm。 4. 线束下垂量小于 10 mm	1. 线束与传感器相接时，应留有一定的余量。 2. 插体不得受力，不能过紧或过松。 3. 顶架线束不允许走在隔热板里面。 4. 线束走向平直，不得低于型材下平面，多余的线束折叠整齐后固定牢固	1. 线束不能外露或鼓包。 2. 插接器必须插接牢固，避免接触不良。 3. 固定线束时，要考虑其他等部件不得挤压、损伤线束。 4. 过孔或过拐角棱边时线束需套波纹管保护	1. 盒尺； 2. 目测

（2）发动机舱线束装配工艺内容见表 4-4-4。

表 4-4-4 发动机舱体线束装配工艺

发动机舱体线束装配工艺内容			
线束装配方案： 方案一：左、右传感器线束汇合至左、右位置后，沿左、右发动机舱立柱和支架横梁布线至主控制器安装位置处。 方案二：左、右传感器线束汇合后分别沿左与右发动机舱立柱和支架横梁布线至主控制器安装位置处。 注意：由于发动机结构原因，油路在上、线路在下时，油管的接头部位与线束不能出现上下正对的现象（保证油管接头漏油时不能漏到线束上）			
主要工艺参数	质量要求	工艺内容	设备检具
1. 线束固定点间距不大于 400 mm。 2. 线束距排气管间距大于 200 mm。 3. 线束距高温部件间距大于 50 mm	1. 发动机舱电器件较多，空间有限，必须保证线束不能相互干涉、摩擦和受力。 2. 线束过拐角边棱时应包波纹管。 3. 线束布置走向的合理性、维修的方便性、固定的一致性	1. 线束避开排气管间距在 200 mm 以上。 2. 避开空调高低压管及其他高温部件间距在 50 mm 以上。 3. 经过发动机高温部件时必须用波纹管对每根线束单独包扎防护（防护后间距大于 50 mm），包扎后用车身线卡把线束固定在车架上	1. 盒尺； 2. 目测

(三) 测试超声波雷达

技能实践

1. 超声波雷达线束检查

超声波雷达传感器线束检查项目见表4-4-5。

表4-4-5 超声波雷达线束检查表

检查项目	检查内容	检查结果	工具
线束铺设检查	1. 线束是否根据布线图要求铺设	是_____, 否_____	1. 通用量具; 2. 目测
	2. 线束是否根据线束所依附物体的走向规范布置	是_____, 否_____	
	3. 线束是否呈现横平竖直的走向	是_____, 否_____	
	4. 线束装配绑扎后是否平顺	是_____, 否_____	
	5. 线束两端长度余量适当,一般为线束的总长加20~40 cm	$L = $ _____ mm	
	6. 当有多束线一同绑扎时,线束间是否平行布置	是_____, 否_____	

2. 超声波雷达传感器信号的检测

检测超声波雷达的信号,将数值填在表4-4-6内。其超声波雷达信号的检测项目见表4-4-6。

表4-4-6 超声波雷达信号的检测项目

检测项目	检测步骤	检测结果	工具
1. 限定距离信号检测	1. 在车辆前、后超声波雷达传感器探头处标注刻度		通用量具
	2. 依次按顺序单个接通超声波探头 A#1 - A#2 - A#3 - A#4 B#1 - B#2 - B#3 - B#4		

续表

检测项目	检测步骤		检测结果	工具
1. 限定距离信号检测	3. 将标定物放置于超声波雷达传感器正前方 150 cm 处		标定物距离： L = ____ cm	
	4. 记录超声波雷达传感器显示器 A 探头检测距离		A 探头检测距离： H = ____ cm	
	5. 断开 A 探头线束，接通 B 探头线束并记录超声波雷达传感器显示器 B 探头检测距离（以下同理）		B 探头检测距离： L = ____ cm	
2. 限定范围信号检测	1. 在车辆前、后超声波雷达传感器探头处标注刻度			目测

续表

检测项目	检测步骤		检测结果	工具
2. 限定范围信号检测	2. 前探头最远限定距离检测	1. 探头调整：水平角度 90°±10°，垂直角度 45°±5°。 2. 将标定物由近至远缓慢移动，直至超声波雷达传感器显示器显示最后有效检测距离即最远限定距离	前探头最远检测距离： $L=$____ cm	
	3. 前探头最近限定距离检测	1. 探头调整：水平角度 90°±10°，垂直角度 45°±5°。 2. 将标定物由远至近缓慢移动，直至超声波雷达传感器显示器显示最后有效检测距离即最近限定距离	前探头最近检测距离： $L=$____ cm	
	4. 后探头最远限定距离检测	1. 探头调整：水平角度 90°±10°，垂直角度 45°±5°。 2. 将标定物由近至远缓慢移动，直至超声波雷达传感器显示器显示最后有效检测距离即最远限定距离	后探头最远检测距离： $L=$____ cm	
	5. 后探头最近限定距离检测	1. 探头调整：水平角度 90°±10°，垂直角度 45°±5°。 2. 将标定物由远至近缓慢移动，直至超声波雷达传感器显示器显示最后有效检测距离即最近限定距离	后探头最近检测距离： $L=$____ cm	

知识学习

1. 超声波雷达传感器线路的检查

1）超声波雷达传感器线路安装环境的检查

（1）线束与热源的检查。

检查线束安装距离不小于排气管、发动机本体、DC-DC本体、充电器本体、电动机控制器本体、压缩机、空调高压管等120 mm，同时远离油路、水路、燃气管等易燃部件不小于150 mm，且线束安装在其油路上方。

（2）线束与运动件的检查。

检查线束安装是否远离各运动件，如刮水器连杆、真空泵、前/后舱减震器、驱动电动机等部件。

2）超声波雷达传感器线束装配的检查

（1）检查线束是否根据布线图要求铺设，是否根据线束所依附物体的走向规范布置，线束应呈现横平竖直的走向，尽量避免斜拉现象。

（2）线束装配绑扎后应平顺，线束两端长度余量适当，一般为线束的总长加20～40 cm。

（3）当有多束线一同绑扎时，线束间应平行布置，严禁扭曲缠绕。

2. 超声波雷达传感器的常见故障

超声波雷达传感器在使用过程中可能会出现开机无自检，超声波雷达传感器不工作，蜂鸣器无提示声音；开机有自检，超声波雷达传感器不工作；开机有自检，超声波雷达传感器误报警；开机有自检，超声波雷达传感器无法与显示控制单元通信等情况。

1）开机无自检，超声波雷达传感器不工作，蜂鸣器无提示声音的故障分析

故障现象：开机无自检，超声波雷达传感器不工作，蜂鸣器无提示声音。

故障分析：引起此故障现象的原因可能是控制单元损坏、探头和蜂鸣器都损坏、控制单元供电故障、控制单元接地线故障、软件系统故障、台架设备供电故障等。

排除方法：

（1）检查台架供电电压是否正常，如果存在异常则应尽快修复。

（2）目测相关元器件、控制器、接插器及相关线路是否有松动、破损、损坏等现象，如果存在相关问题则应及时维修或更换。

（3）检查超声波雷达传感器控制单元供电和接地是否正常，如果存在异常应及时进行维修或更换。

2）开机有自检，超声波雷达传感器不工作的故障分析

故障现象：开机有自检，超声波雷达传感器不工作。

故障分析：引起此故障现象的原因可能是超声波雷达传感器与控制单元之间线路问题、超声波雷达传感器自身故障、超声波控制单元端点故障等。

排除方法：

（1）检查超声波雷达传感器与控制单元之间的线路是否存在异常，如果存在异常则应及时进行维修或更换。

（2）用元件代替法检查超声波雷达传感器是否损坏，如果超声波雷达传感器损坏则应及时进行维修或更换。

(3) 用元件代替法检查超声波雷达传感器控制单元是否损坏、软件是否有问题，如果存在异常则应及时进行维修或更换。

3) 开机有自检，超声波雷达传感器误报警的故障分析

故障现象：开机有自检，超声波雷达传感器误报警。

故障分析：引起此故障现象的原因可能是超声波雷达传感器安装问题、超声波探头有异物、超声波自身损坏、超声波控制单元故障等。

排除方法：

(1) 检查超声波雷达传感器安装是否存在异常，如果安装存在异常则应及时进行调整或维修。

(2) 检查超声波雷达传感器表面是否存在异物，如果雷达表面存在异常则应及时进行清理修复。

(3) 检查超声波雷达传感器自身是否存在异常，如果不正常则应及时进行维修或更换。

(4) 检查超声波控制单元是否正常，如果不正常则应及时进行维修或更换。

4) 开机有自检，超声波雷达传感器无法与显示控制单元通信的故障分析

故障现象：开机有自检，超声波雷达传感器无法与显示控制单元通信。

故障分析：引起此故障现象的原因可能是超声控制单元与显示控制单元之间总线故障、超声波控制单元存在问题、显示控制单元自身问题等。

排除方法：

(1) 测量通信 CAN 总线是否出现故障，如果存在异常则应及时进行维修或更换。

(2) 检测超声波控制单元，如果超声波控制单元存在异常则应及时进行维修或更换。

(3) 检测显示控制单元，如果显示控制单元存在异常则应及时进行维修或更换。

四、学习测试

（一）填空题

(1) 超声波雷达传感器是工作在_____频段的雷达，超声波是指波长在_____mm 的电磁波，对应的频率为 30～300 GHz。超声波雷达传感器是 ADAS 核心传感器，主要用于_____、_____、_____、_____等。

(2) 超声波雷达传感器主要由_____、_____、_____以及_____等构成，其中_____和_____是核心的硬件部分。

(3) 天线是实现超声波_____和_____的部件。目前主流的方案就是将射频组件集成化，即单片微波集成电路_____。射频组件负责超声波信号_____、_____、_____以及_____的解调等。

（二）简答题

(1) 根据超声波安装流程，简要归纳超声波雷达传感器的安装步骤及注意事项。

(2) 超声波雷达常见故障有哪些？怎样排除？

五、评价及总结

(一) 自我评价

结合自己的学习过程及学习效果,对自己的学习主动性和效果进行自评,评价等级为优、良、合格和不合格,针对出现的失误进行反思,完善改进方向及改进措施。

评价维度		评价标准	评级
学习主动性	课前	课前预习,完成老师布置的课前任务	
	课中	积极思考,参与课堂互动,辅助老师完成教学演示	
	课后	及时总结,完成课后练习任务,向老师反馈学习建议	
学习效果		1. 熟知超声波雷达传感器的结构,并能讲述其部件名称和作用; 2. 熟知超声波雷达传感器的分类,并能正确选用超声波雷达传感器; 3. 熟知超声波雷达传感器的参数及性能	
		1. 能够分析超声波雷达传感器的常见故障; 2. 能够独立完成超声波雷达传感器的检测	
		1. 树立效率意识、规范意识,强化人际沟通、团队合作的能力; 2. 培养爱岗敬业、吃苦耐劳的劳动精神,树立严谨务实、精益求精的工作作风	
任务实施出现的失误			
改进的方向及措施			

(二) 学生互评

通过提问、观察同学的演示以及上课的情况,对同学本次学习任务的效果开展评价,评价等级为优、良、合格和不合格,指出任务实施过程出现的失误,给出改进建议。

小组成员姓名：_____

评价维度	评价标准	评级
学习效果	1. 熟知超声波雷达传感器的结构，并能讲述其部件名称和作用； 2. 熟知超声波雷达传感器的分类，并能正确选用超声波雷达传感器； 3. 熟知超声波雷达传感器参数及性能	
	1. 能够分析超声波雷达传感器的常见故障； 2. 能独立完成超声波雷达传感器的检测	
	1. 树立效率意识、规范意识，强化人际沟通、团队合作的能力； 2. 培养爱岗敬业、吃苦耐劳的劳动精神，树立严谨务实，精益求精的工作作风	
任务实施出现的失误		
建议		

项目五

先进驾驶辅助系统

【项目描述】

先进驾驶辅助系统是智能网联汽车的重要组成部分,它除了帮助持续改进在驾驶过程中的安全性和舒适性以外,同时也在不断实现驾驶行为的最优化,如经济驾驶和智能化车流控制。随着先进驾驶辅助系统技术的快速发展,将帮助车辆逐步实现自动化驾驶,并最终达到无人驾驶的目标。本项目包含以下4个工作任务:

任务一　自适应巡航控制系统
任务二　检测车道保持辅助系统
任务三　自动泊车辅助系统
任务四　驾驶员疲劳预警系统

通过完成以上4个工作任务,能够向客户解释有关智能网联汽车先进驾驶辅助系统的作用、组成、工作原理及操作智能辅助系统等问题。

任务一 自适应巡航控制系统

一、任务描述

张先生驾车在高速路上行驶的过程中,由于长时间脚踩加速踏板,导致疲劳驾驶,故启用定速巡航系统,但是由于启用定速巡航系统在高速路过度放松,导致前方发生突发紧急情况时没有及时做出反应,发生事故。怎么才可以解决张先生的这些困惑呢?智能的ACC自适应巡航控制应运而生,让我们来了解ACC自适应巡航控制系统。

二、任务目标

实施步骤	素质目标	知识目标	技能目标
1. 了解自适应巡航控制系统的定义和组成	1. 培养学生树立规范意识和安全意识; 2. 培养学生求真务实、科学严谨的工作作风	掌握汽车ACC控制系统的定义和作用	能在整车上认识汽车ACC控制系统的控制开关
2. 认识自适应巡航控制系统的组成部分		掌握汽车ACC控制系统各组成部件的结构及其作用	能在整车上指出汽车ACC控制系统各组成部件的结构及其作用
3. 掌握自适应巡航控制系统的工作原理		掌握汽车ACC控制系统的工作原理	能说出汽车ACC控制系统的工作原理

三、实施步骤

(一)认知自适应巡航控制系统

技能实践

(1)查阅相关资料,了解自适应巡航控制系统,完成表5-1-1所示工作任务。

表5-1-1 工作任务(一)

内容	两者区别
定速巡航系统	
自适应巡航系统	

(2) 查询相关学习资料，找出配置有自适应巡航控制系统功能的不同系列车型，并了解其作用，完成表 5 – 1 – 2 所示的工作任务。

表 5 – 1 – 2　工作任务（二）

系列	车型及作用
1 国产车	
2 德系车	
3 日系车	

(3) 以实车为例，如图 5 – 1 – 1 所示，认识汽车 ACC 系统的控制开关，完成表 5 – 1 – 3 所示的工作任务。

图 5 – 1 – 1　汽车 ACC 系统的控制开关

表 5 – 1 – 3　工作任务（三）

序号	开关按键	开关作用
1		
2		
3		
4		

(4) 查询相关学习资料，根据自适应巡航控制系统功能检查方法进行检查，完成表 5 – 1 – 4 所示的工作任务。

表 5 – 1 – 4　工作任务（四）

序号	项目	检查内容	操作记录	注意事项
1	起动车辆	车辆是否能够起动	正常□ 不正常□	

续表

序号	项目	检查内容	操作记录		注意事项
2	按键开关	查找 ACC 相关按键	开关位置	转向盘□ 中控台□ 中控屏□	1. 手指保持无水渍，以免影响触摸效果。 2. 卡滞后关闭点火开关，等待 3 min 后重新起动车辆
		ACC 相关按键是否正常	物理按键	按键清晰□ 不正常□	
			触摸按键	灵敏□ 精准□	
3	功能检查	能否正常设定车速	正常，车速设定为_____		
			不正常□		
		能否正常调节车距等级	正常，车距设定为_____		
			不正常□		
		能否正常解除 ACC 设定	正常	踩下制动踏板□ 按下解除按钮□	
			不正常□		
4	关闭车辆	车辆能否正常关闭	正常□		
			不正常□		

> **知识学习**

1. 自适应新航系统

1）自适应新航系统

汽车自适应巡航控制系统（Adaptive Cruise Control，ACC）是在定速巡航控制系统的基础上发展起来的新一代汽车先进驾驶辅助系统。自适应巡航控制系统是一种智能化的自动控制系统，它将汽车定速巡航控制系统（Cruise Control System，CCS）和车辆前向撞击报警系统（Forward Collision Warning System，FCWS）有机结合起来，既有定速巡航控制系统的全部功能，还可以通过车载雷达等传感器监测汽车前方的道路交通环境，一旦发现当前行驶车道的前方有其他前行车辆，将根据本车和前车之间的相对距离及相对速度等信息，对车辆进行纵向速度控制，使本车与前车保持安全距离行驶，避免追尾事故发生，如图 5-1-2 所示。

图 5-1-2 汽车自适应巡航系统

2) 汽车自适应巡航控制系统的组成

汽车 ACC 系统主要包括信息感知单元、电子控制单元、执行单元和人机交互界面，如图 5-1-3 所示。

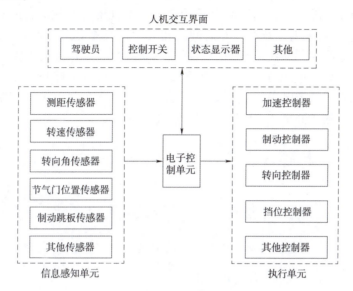

图 5-1-3　汽车 ACC 系统的基本组成

(1) 信息感知单元。

信息感知单元用于向电子控制单元提供自适应巡航控制所需要的各种信息，主要包括测距传感器、转速传感器、转向角传感器、节气门位置传感器、制动踏板传感器等。测距传感器用来获取车间距离信号，一般使用激光雷达或超声波雷达。

在 ACC 系统中，测距雷达用于测量自车与前方车辆的车头距、相对速度、相对加速度，是自适应巡航控制系统中的关键设备之一，也是决定该系统造价的主要元件。其主要组成包括发射天线、接收天线、DPS（数字信号处理）处理单元和数据线等。

(2) 电子控制单元。

电子控制单元（ECU）是 ACC 系统中的核心部分，ECU 根据驾驶员所设定的安全车距及巡航行驶速度，结合信息感知单元传送来的信息确定当前车辆的行驶状态，决策出车辆的控制作用，并输出给执行单元。

(3) 执行单元。

执行单元主要执行电子控制单元发出的指令，它包括节气门控制器、制动控制器、挡位控制器和转向控制器等，节气门控制器用于调整节气门的开度，使车辆做加速、减速及定速行驶；制动控制器用于紧急情况下的制动；挡位控制器用于控制车辆变速器的挡位；转向控制器用于控制车辆的行驶方向。

(4) 人机交互界面。

人机交互界面用于驾驶员设定系统参数及系统状态信息的显示。驾驶员可通过设置在仪表盘或转向盘上的人机界面启动或清除 ACC 系统控制指令。启动 ACC 系统时，要设定当前车辆在巡航状态下的车速和与目标车辆间的安全距离，否则 ACC 系统将自动设置为默认值，但所设定的安全距离不可小于设定车速下交通法规所规定的安全距离。

3）汽车自适应巡航控制系统工作原理

在车辆行驶过程中，安装在车辆前部的车距传感器（雷达）持续扫描车辆前方道路，同时轮速传感器采集车速信号。当车辆前方无障碍物时，车辆按设定的速度巡航行驶；当行驶车道的前方有其他前行车辆时，ACC系统电子控制单元将根据本车和前车之间的相对距离及相对速度等信息，通过与ABS、发动机控制系统、自动变速器控制系统协调动作，对车辆纵向速度进行控制。以新能源汽车为例，汽车传感器通过给电子控制单元提供各种信号，执行机构控制电动机转矩和制动压力，使本车与前车始终保持安全距离行驶。汽车自适应巡航控制系统工作原理如图 5 – 1 – 4 所示。

自适应巡航控制系统

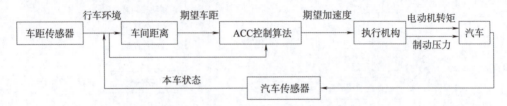

图 5 – 1 – 4　汽车自适应巡航控制系统工作原理

4）汽车自适应巡航控制系统应用实例

目前汽车 ACC 系统在中高级轿车上得到了广泛的应用，以本田雅阁为例，如图 5 – 1 – 5 所示：

（1）按下"MAIN"按钮时，ACC 系统打开和车道保持系统被打开或关闭。

（2）将车辆在速度在 30 km/h 以上并且不超过道路规定时速，保持在划线良好的车道上。

（3）调节车速。

使用转向盘上的"RES/ +"或"RES/ –"按钮增加或减小车距。每按一次"RES/ +"或"RES/ –"，车速相应增加或者减少 1 km/h；按住"RES/ +"或"RES/ –"不放，车速相应增加或者减少 10 km/h。

（4）汽车自适应巡航控制系统的解除分为手动取消和自动取消。

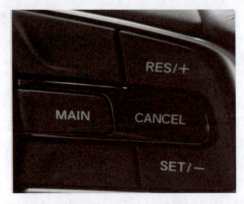

图 5 – 1 – 5　雅阁 ACC 系统控制开关

取消进行以下任意操作：

①按下"CANCEL"按钮。

②按下"MAIN"按钮。

③踩下制动踏板。

汽车自适应巡航控制系统自动取消时,蜂鸣器鸣响,当出现以下情况时可能会导致ACC系统自动取消:

①恶劣天气(雨、雪、雾等)。

②雷达传感器有污渍或者损坏,无法探测前车时。

③车辆汽车系统ABS、VSA或CMBSB被激活时。

④探测不到正常轮胎条件或车轮胎打滑。

⑤ACC系统探测到车辆离本车太近时。

⑥后视镜色摄像头或者摄像头脏污。

2. 自动制动辅助系统

1)自动制动辅助系统的定义

汽车自动制动辅助(Automatic Braking Assistance,AEB)系统可以预知潜在的碰撞危险并及时通知驾驶员,而且在必要的情况下,此系统会自动控制制动踏板完成制动操作,以避免或减轻碰撞伤害。

新能源汽车真空
助力伺服制动
系统工作过程

2)自动制动辅助系统的结构组成

汽车AEB系统主要由行车环境信息采集单元、电子控制单元和执行单元等组成。

(1)行车环境信息采集单元。行车环境信息采集单元由测距传感器、车速传感器、节气门传感器、制动传感器、转向传感器、路面选择按钮等组成,对行车环境进行实时检测,得到相关行车信息。测距传感器用来检测本车与前方目标的相对距离以及相对速度,目前,常见的测距技术有超声波测距、米波雷达测距、激光测距、红外线测距和视频传感器测距等;车速传感器用来检测本车的速度;节气门传感器用来检测驾驶员在收到系统提醒报警后是否及时松开加速踏板,对本车实行减速措施;制动传感器用来检测驾驶员是否踩下制动踏板,对本车实行制动措施;转向传感器用来检测车辆目前是否正处于弯道路面行驶或者处于超车状态,系统凭此来判断是否需要进行报警抑制;路面选择按钮是为了方便驾驶员对路面状况信息进行选择,从而方便系统对报警距离的计算。其需要采集的信息因系统不同而不同,所有采集到的信息都将被送往电子控制单元。

(2)电子控制单元。电子控制单元接收行车环境信息采集单元的检测信号后,综合收集到的数据信息,依照一定的算法程序对车辆行驶状况进行分析计算,判断车辆所适用的预警状态模型,同时对执行单元发出控制指令。

(3)执行单元可以由多个模块组成,如声光报警模块、LED显示模块、自动减速模块和自动制动模块等,根据系统不同而不同。它用来接收电子控制单元发出的指令,并执行相应的动作,达到预期的预警效果,实现相应的车辆制动功能。当系统检测到存在危险状况时,首先进行声光报警,提醒驾驶员;当系统发出提醒报警之后,如果驾驶员没有松开节气门,则系统会发出自动减速控制指令;在减速之后当系统检测到危险仍然存在时,说明目前车辆行驶处于极度危险的状况,需要对车辆实施自动强制制动。

3)自动制动辅助系统的工作原理

汽车AEB系统利用测距传感器测出与前车或者障碍物的距离,然后利用电子控制单

元将测出的距离与报警距离、安全距离等进行比较,小于报警距离时就进行报警提示,而小于安全距离时即使在驾驶员没来得及踩制动踏板的情况下,AEB 系统也会启动,使汽车自动制动,从而为安全出行保驾护航。

(二) 测试自适应巡航控制系统

技能实践

查询相关用户手册资料,找出学校配备 ACC 系统车辆开启自适应巡航控制系统的步骤,见表 5-1-5。

表 5-1-5 车辆开启自适应巡航控制系统的步骤

序号	操作项目步骤
1	
2	
3	
4	
5	
6	
7	
8	

知识学习

1. 自适应巡航系统激活的条件

(1) 电子驻车 (EPB) 属于释放状态。

(2) 车辆挡位处于前进挡 (D) 上。

(3) 车辆无后溜,车辆四门关闭。

(4) 按下自适应巡航系统启动按键。

(5) 避免拥堵道路。

2. 自适应巡航系统的使用注意事项

(1) 禁止在雨雪、大雾天气或恶劣道路情况下使用,避免发生安全隐患。

(2) 定期对汽车感应雷达和摄像头进行检查,防止其出现故障使自适应巡航系统失效。

(3) ACC 不可能准确识别所有的行驶环境。

(4) 在使用 ACC 系统过程中,请不要将脚放在加速踏板上,否则会使 ACC 不再对本车进行制动。

3. 汽车自适应巡航控制系统诊断

(1) 控制单元的检查。

安装故障诊断仪器读取故障码或数据流,在进行故障自诊断时,如果读取到故障码,应进行故障码诊断，以进一步确定故障部位；如果没有读取到故障码，则可按照故障征兆进行故障诊断。如果无通信，则检查汽车自适应巡航控制系统有关控制单元电路的工作情况。

（2）相关控制单元电路的检查。

①检查相关控制单元电路搭电源和铁线是否正常。

②检查 CAN 通信线束波形是否正常。

（3）部件的检查。

检查汽车自适应巡航控制系统的线束及插接器是否完好、部件是否丢失或破损等。直观检查后一般应再次进行故障自诊断，其内容包括汽车自适应巡航控制系统状态指示灯的检查、读取故障码、输入信号检查和取消信号检查等。

（4）更换零部件。

（5）更换零部件后必须根据所学内容做标定处理。

四、知识考核

（一）填空题

（1）汽车 ACC 系统是指 _____。

（2）汽车 ACC 系统的基本组成主要包括 _____、_____、_____ 和 _____。

（3）汽车自适应巡航系统主要运用的雷达传感器有 _____、_____、_____ 等。

（4）汽车 AEB 是指 _____。

（5）汽车 AEB 系统的基本组成主要包括 _____、_____、_____。

（二）判断题

（1）汽车自适应巡航控制系统（Adaptive Cruise Control，ACC）是在定速巡航控制系统基础上发展起来的新一代汽车先进驾驶辅助系统。　　　　　　　　　　　　　　（　　）

（2）电子控制单元（ECU）是 ACC 系统中的核心部分。　　　　　　　　（　　）

（3）人机交互界面用于驾驶员设定系统参数及系统状态信息的显示。　　（　　）

（4）信息感知单元主要执行电子控制单元发出的指令。　　　　　　　　（　　）

（三）简答题

（1）简述汽车自适应巡航（AEB）系统的作用。

（2）简述汽车自适应巡航（ACC）系统的工作原理。

五、评价及总结

（一）自我评价

结合自己的学习过程及学习效果，对自己学习主动性和效果进行自评，评价等级为优、良、合格和不合格，针对出现的失误进行反思，完善改进方向及改进措施。

评价维度		评价标准	评级
学习主动性	课前	课前预习，完成老师布置的课前任务	
	课中	积极思考，参与课堂互动，辅助老师完成教学演示或模拟练习	
	课后	及时总结，完成课后练习任务，及时向老师反馈学习建议	
学习效果		1. 认识汽车 ACC 系统的控制开关	
		2. 掌握汽车 ACC 和 AEB 系统的组成部分	
		3. 理解汽车 ACC 和 AEB 系统的工作原理	
任务实施出现的失误			
改进的方向及措施			

（二）学生互评

通过提问、观察同学的演示以及上课的情况，对同学这次学习任务的效果开展评价，评价等级为优、良、合格和不合格，指出任务实施过程出现的失误，给出改进建议。

小组成员姓名：_____

评价维度	评价标准	评级
学习效果	1. 认识汽车 ACC 系统的控制开关	
	2. 掌握汽车 ACC 和 AEB 系统的组成部分	
	3. 理解汽车 ACC 和 AEB 系统的工作原理	
任务实施出现的失误		
建议		

任务二　检测车道保持辅助系统

一、任务描述

李女士是一位新手驾驶员，在高速上行车非常担心。有一天她开家里的红旗 H5 汽车上高速，发现开启车道偏离报警系统（LDWS）后，转方向时车道偏离系统报警，这是她哪里做错导致的呢。让我们来了解车道保持辅助系统。

二、任务目标

实施步骤	素质目标	知识目标	技能目标
1. 了解汽车车道保持辅助系统的定义和组成		掌握车道保持辅助系统的定义和作用	能在整车上认识车道保持辅助系统的控制开关
2. 认识车道保持辅助系统和汽车车道偏离报警系统（LDWS）的组成部分		掌握汽车道偏离报警系统（LDWS）的组成部件结构及其应用	能在整车上指出汽车车道偏离报警系统（LDWS）组成部件的结构及其应用
3. 掌握车道偏离报警系统（LDWS）中车道保持辅助系统的工作原理	1. 培养学生树立规范意识、安全意识。 2. 培养学生求真务实、科学严谨的工作作风	掌握车道保持辅助系统和车道偏离报警系统（LDWS）的工作原理	根据原理能判断车道保持辅助系统和车道偏离报警系统（LDWS）的异同点
4. 检测车道保持辅助系统		1. 掌握检测车道保持辅助系统的使用条件要求； 2. 能根据使用手册找出检测车道保持辅助系统的方法； 3. 了解车道保持辅助系统的解除因素	1. 能够判断是否掌握检测车道保持辅助系统； 2. 能根据使用手册检测车道保持辅助系统； 3. 能判断车道保持辅助系统的忽然不工作是否是正常现象

· 209 ·

三、实施步骤

(一) 认知车道保持辅助系统

技能实践

(1) 查阅相关资料,找出配置有车道保持辅助系统或车道偏离报警系统(LDWS)的不同系列车型,并了解其作用,完成表 5-2-1 所示的工作任务。

表 5-2-1 工作任务(一)

系列	车型及作用
1 国产车	
2 德系车	
3 日系车	

(2) 根据车道偏离警告系统 LDWS 功能检查方法进行检查,完成表 5-2-2 所示的工作任务。

表 5-2-2 工作任务(二)

序号	项目	检查内容	操作记录		注意事项
1	启动车辆	车辆是否能够起动	正常□		
			不正常□		
2	按键开关	查找 LDWS 相关按键	开关位置	转向盘□	
				中控台□	
				中控屏□	
		LDWS 相关按键是否正常	物理按键	按键清晰□	
				不正常□	
			触摸按键	灵敏□	1. 手指保持无水渍,以免影响触摸效果。
				精准□	2. 卡滞后关闭点火开关,等待 3 min 后重新起动车辆
3	功能检查	起作用车速	km		
		车道内行驶是否显示正常	正常□		
			不正常□		
		偏离车道内行驶时仪表是否有提示	提示□		
			无提示□		
		偏离车道内行驶时安全带是否有提示	提示□		
			无提示□		
		打转向灯切换车道时是否有偏离提示	是□		
			否□		
4	关闭车辆	车辆能否正常关闭	正常□		
			不正常□		

知识学习

认识车道保持辅助系统。

1. 车道保持辅助系统

据统计约有 50% 的汽车交通事故是因为汽车偏离正常的行驶车道而引起的,其原因主要是驾驶员心神烦乱、注意力不集中或驾驶疲劳。23% 的汽车驾驶员一个月内至少在转向盘上睡着一次;66% 的卡车驾驶员自己在驾驶过程中会打瞌睡;28% 的卡车驾驶员在一个月内有在转向盘上睡着的经历。为了避免驾驶员精神疲劳,导致车辆偏离正常行驶的车道而产生危险的情况,越来越多的车型上配置了车道保持辅助系统(Lane Keeping Assist System,LKAS)或车道偏离预警系统(Lane Departure Warning System,LDWS),在发现车辆即将偏离车道时,车道偏离预警 LDWS 会通过声音或振动等方式向驾驶员进行提醒。

车道偏离警告系统(LDWS),是指车辆高速行驶在车道分界线清晰的高速公路或主干道上行驶,当车辆车速在一定范围内并将要非正常偏离其所行驶的车道时,对驾驶员发出提示和警告的主动安全系统。该系统通过安装于前风窗玻璃上的摄像头扫描前方的道路,识别并读取道路上划分车道边界的分界线,再由 LDWS 系统的控制单元将摄像头收集到的信息进行转换和处理,以确认和锁定当前车辆所行驶的车道,并通过摄像头持续监测车道曲线的弯曲度。LDWS 系统的控制单元将监测到的车道曲线弯曲度的信息结合当前车辆的车速和横摆率,计算出车辆当前所需的最佳转向角度。当车辆的实际转向角度与 LDWS 系统控制单元计算出的转向角度不符时,LDWS 系统的控制单元就会通过 CAN 通信线触发车内蜂鸣器报警,同时电动提醒装置振动提醒驾驶员当前车辆处于非正常偏离状态。

汽车车道保持辅助系统属于智能驾驶辅助系统中的一种,它可以在车道偏离预警系统(LDWS)的基础上对转向系统进行控制,辅助车辆保持在本车道内行驶,在车辆行驶时借助一个摄像头识别行驶车道的标识线,为车辆保持在车道上提供支持。如果车辆接近识别到的标记线并可能脱离行驶车道,那么会通过转向盘的振动,或者是声音来提醒驾驶员注意,并轻微转动转向盘修正行驶方向,使车辆处于正确的车道上,若长时间检测到转向盘无人主动干预,则会发出报警,用来提醒驾驶人员,如图 5-2-1 所示。

图 5-2-1 车道保持辅助系统

2. 车道偏离警告系统的组成

车道偏离警告系统(见图 5-2-2)的组成主要包括摄像头、LDWS 系统控制单元(部分车辆的摄像头、超声波雷达、车速传感器、转向角传感器、LDWS 系统控制单元集成到一起)、仪表、LDWS 开关和振动提醒装置（主动安全带或带振动的转向盘）。

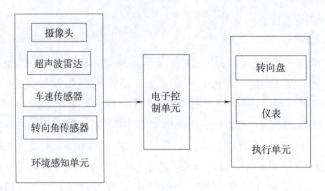

图 5-2-2　车道偏离警告系统组成

摄像头及 LDWS 系统控制单元安装于前风窗玻璃上部中央位置、室内后视镜上方，通过摄像头发送车道检测信号，扫描前方的道路，并根据车道两侧画线的颜色识别车道，然后由 LDWS 系统控制单元计算车辆的中心线、车道的宽度、行驶角和车道的曲率。该模块可以识别的车道画线颜色有白色、黄色和蓝色三种，但是其能检测的车道宽度必须小于 8 m，如果大于 8 m 就超出了摄像头检测的范围。检测的条件是将 LDWS 开关置于"ON"，同时车速范围为 60~180 km/h。当驾驶员开启转向灯并线或是由于下雨而开启刮水器等特殊工作情况时，系统会暂时停止工作。

为了避免驾驶员精神疲劳而导致车辆偏离正常行驶的车道产生危险的情况，很多车配置了 LDWS 系统（即车道偏离警告系统）。

车道保持辅助系统是在车道偏离警告系统 LDWS 系统基础上增加了 ABS 控制系统和转向控制系统及时判断车辆偏离程度并控制转向系统自动回正，通过自动微调转向盘，使汽车保持车道内行驶，以防车辆继续"跑偏"造成严重后果。车道保持辅助系统利用视觉传感器采集道路图像，利用车速传感器采集车速信号，利用转向盘转角传感器采集信号。

（1）摄像头模块。

摄像头及 LDWS 系统控制单元该模块安装于前风挡玻璃上部中央位置，室内后视镜上方（见图 5-2-3），通过摄像头发送车道检测信号，扫描前方的道路。根据车道两侧画线的颜色识别车道，然后由 LDWS 系统控制单元计算车辆的中心线、车道的宽度、行驶角和车道的曲率。该模块可以识别的车道画线颜色有白色、黄色和蓝色三种，但是其能检测的车道宽度必须小于 8 m，如果大于 8 m 就超出了摄像头检测的范围。检测的条件是 LDWS 开关"ON"，同时车速要大于 60 km/h。当驾驶员开启转向灯并线或是由于下雨而开启刮水器工作时，系统会暂时停止工作。

（2）仪表。

LDWS 控制单元将摄像头所采集到的车道信息实时的通过 CAN 数据线发送到仪表，并显示在仪表的显示器上（见图 5-2-4）。当发出车道的非常偏离时，仪表上的车道图像就会闪烁是向左偏离或是向右偏离（见图 5-2-5），同时集成于仪表内的蜂鸣器会报警提示。

图 5-2-3　LDWS 摄像头及控制单元　　图 5-2-4　车辆保持车道正常行驶仪表显示标志　　图 5-2-5　车辆跨车非正常行驶仪表显示标志

(3) LDWS 开关。

LDWS 开关位于转向盘的右侧，当按下这 LDES 开关时，仪表上的 LDWS 工作指示灯就会点亮（见图 5-2-6），LDWS 系统就会进入工作状态。如果想要关闭该系统，则只需要再按一下 LDWS 开关（见图 5-2-7），仪表上的 LDWS 工作指示灯熄灭即可。

图 5-2-6　LDWS 工作指示灯　　图 5-2-7　LDWS 开关

① 主动式安全带（PSB）。

部分配备车道偏离警告系统的轿车的主驾安全带和副驾安全带一般使用了一种利用拉紧电动机，实现安全带的拉紧与释放并带有控制单元的主动式安全带（见图 5-2-8），该安全带控制单元通过动力系统的 C-CAN 数据线接收车辆的数据变化，然后由控制单元根据 C-CAN 数据线上收到的车辆的时速和路面状况等信息控制安全带的拉紧与释放。与普通的带有引爆器的预紧式安全带不同，该安全带即使在车辆发生碰撞完全收紧之后，依然还可以重复使用，并且可以通过诊断仪自诊断。当 LDWS 系统检测到车道发生非正常偏离时，会通过 C-CAN 数据线将这一信息传递给主动安全带控制单元，主动安全带控制单元就会控

图 5-2-8　主动式安全带（PSB）

1—ECU；2—电动机；3—齿轮；4—离合器

制安全带拉紧电动机收紧安全带,以提示驾驶员。

②带振动电动机的多功能转向盘。

在转向盘右下辐条内安装有振动电动机,转向盘的振动是因为电动机上的不平衡配重旋转而产生的。该电动机出现故障后不能单独更换,必须更换整个转向盘,其振动(报警)大约持续 1 s。

3)车道偏离警告系统工作原理

LDWS 控制单元和主动式安全带 PSB 连接于动力系统 C-CAN 数据总线上,而 LDWS 系统的控制开关连接于车身 B-CAN 数据总线上,仪表作为网关实现了动力系统 C-CAN 数据总线和车身 B-CAN 数据总线之间的数据信息交换,如图 5-2-9 所示。

车道保持辅助系统

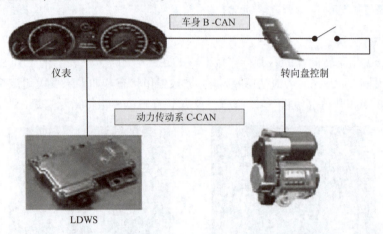

图 5-2-9 车道偏离警告系统(LDWS)数据信息交换网络

当驾驶员按下位于转向盘右侧 LDWS 系统的开关时,LDWS 开关的信息经由车身 B-CAN 数据总线发送到仪表,仪表收到 LDWS 开关"ON"的信息时点亮 LDWS 工作指示灯,同时将这一信息通过动力系统 C-CAN 数据总线传递到 LDWS 控制单元,LDWS 控制单元收到开关"ON"的信号后,通过动力系统 C-CAN 数据总线了解当前的车速是否大于 60 km/h,如果大于该车速,LDWS 控制单元激活摄像头扫描当前的路面情况,摄像头实时扫描前方的道路,并将检测到的车道信息通过动力系统 C-CAN 数据总线传递到仪表,由仪表内置的显示器显示前方车道的信息。

LDWS 控制单元根据当前的车道信息实时计算当前车辆所需的最佳转向角度,并通过动力系统 C-CAN 数据总线实时接收当前车辆的实际转向角度信息。当两者之间不符时,LDWS 控制单元会认为当前车辆是处于非正常车道偏移的状态。LDWS 控制单元通过动力系统 C-CAN 数据总线将这一信息传递到仪表和主动式安全带,仪表收到这一信息时触发内置于仪表内的蜂鸣器并在仪表的显示器上显示车道偏离的信息以警告驾驶员,主动式安全带收到该信息时会控制安全带拉紧器反复收紧释放,使安全带能够产生振动,以防止由于驾驶员驾驶疲劳而导致的车道非正常偏离。

在 LDWS 系统工作的过程当中,如果驾驶人员开启转向信号灯,转动转向盘并线,或是在雨天开启刮水器工作,这些信息会通过车身 B-CAN 数据总线或是动力系统 C-CAN 数据总线传递到 LDWS 控制单元,LDWS 控制单元将会暂停 LDWS 系统的工作,直到操作的恢复。

4）摄像头的校准

配置有 LDWS 系统的车辆，当更换了 LDWS 控制单元后，需要对 LDWS 系统进行摄像头的校准，只有正确地完成了摄像头的校准，LDWS 系统才可以准确地识别车道的信息。摄像头校准的具体程序非常简单，但是需要使用现代汽车提供的专用的校准板和现代汽车最新的诊断仪 GDS 共同完成，首先要将车辆停放在地势平坦的路面上，在发动机盖前部中心安装专用的校准板（见图 5-2-10），使用 GDS 诊断仪进入到车辆的 LDWS 系统，然后单击"摄像头校准"，根据显示器上的提示操作就可以完成摄像头的校准，如图 5-2-11 所示。

图 5-2-10　车道偏离警告系统（LDWS）校准板

图 5-2-11　车道偏离警告系统（LDWS）的 GDS 校准

（二）测试车道保持辅助系统

技能实践

查询相关用户手册资料，找出学校配备驾驶员车道保持辅助系统的车辆开启车道保持辅助系统的步骤，见表 5-2-3。

表 5-2-3　车辆开启车道保持辅助系统的步骤

序号	操作项目步骤
1	
2	
3	
4	
5	
6	
7	
8	

知识学习

测试车道保持辅助系统。

1. 测试车道保持辅助系统标准

车道保持辅助系统测试根据中国质量认证中心技术要求 CQC-1646-2021《车道保持

辅助系统性能要求和测试规程》和汽车使用说明书来执行。

2. 车道保持辅助系统使用条件要求

(1) 道路条件。

道路应满足以下条件：

①道路表面应干燥，表面本身应由沥青或混凝土铺设，并且没有凹陷、凸起和开裂等导致车辆过分颠簸的缺陷，道路应平坦并铺设状态良好；当使用标准参考试验轮胎时，路面峰值摩擦系数应为 0.8 以上。

②试验车道应有足够长度，以满足试验车速的需要；车道宽度应遵守 JTGB01 的要求。

③试验车道应有高对比度的车道边线，除非特别说明，否则车道边线应状态良好，无破损、遮蔽等影响车道保持辅助系统感应的缺陷存在；车道边线的设置应遵守 GB 5768.3 的要求，除特别说明外，车道边线颜色应为白色或黄色，车道边线线型应为实线或虚线。

(2) 气象条件。

①试验环境温度应处于 -20~45 ℃。

②水平可视范围应确保能够在整个试验中观察目标，能见度宜为 1 000 m 以上。

③试验时平均风速不大于 3 m/s，最大风速不大于 10 m/s。

④环境照度应分布均匀。

⑤阳光直射方向应避免与车辆行驶方向平行。

(3) 车辆条件。

①车辆载荷：试验车辆的质量应处于整车整备质量加上驾驶员和测试设备的总质量（驾驶员和测试设备的总质量不超过 150 kg）与最大允许总质量之间，试验开始后不允许改变试验车辆的条件。

②轮胎：试验所用轮胎应磨合至正常状态，轮胎气压应为车辆制造商推荐的冷态充气压力。

③汽车前照灯干净并调整准确，风窗玻璃干净并且不起雾。

3. 车道保持辅助系统可使用条件要求

(1) 行驶车辆在速度在 70 km/h 以上并且不超过道路规定时速。

(2) 行驶车道两侧均可以探测到车道线，并且车辆保持在车道中间。

(3) 行驶道路是直路或者稍微弯曲。

(4) 转向开关未打开，未踩下制动踏板，未处于高速刮水状态。

4. 车道保持辅助系统的测试

以本田雅阁为例：

(1) 按下"MAIN"按钮（见图 5-2-12），使得驾驶员信息界面的 LKAS 点亮，系统准备就绪。

(2) 将车辆在速度在 70 km/h 以上并且不超过道路规定时速，保持在划线良好的车道上。

(3) 按下"LAKS"按钮（见图 5-2-13），驾驶员信息界面出现车道轮廓，系统激活。

(4) 驾驶车辆保持在车道中间，当系统在探测到左右车道标线，开始工作时，虚线将变为实线（见图 5-12-14）。在保证驾驶安全的情况下，不打转向灯，使得车辆缓缓向左（右）侧车道分割线。

图 5-2-12　按下 "MAIN"　　图 5-2-13　按下 "LAKS"　　图 5-2-14　LAKS 系统
　　　　按钮　　　　　　　　　　　按钮　　　　　　　　　　显示虚线

（5）转向盘有快速的振动和声音提醒，车辆正在偏离探测到的车道。

（6）打开转向灯，提醒取消；不打开转向灯，车辆通过自动微调转向盘，使汽车保持车道内行驶，以防车辆继续"跑偏"。

5. 车道保持辅助系统的解除

（1）转向信号的启动，一般分为两种情况：一种是先开启转向信号然后车辆偏离车道，另外一种是先车辆偏离车道然后开启转向信号。当先开启转向信号然后车辆偏离车道时，如果车辆是向转向信号的方向正常偏离车道并线，系统会取消警报，但是如果车辆没有沿着转向信号的方向偏离车道，而是向着相反的方向偏离，则系统将启动警报。当车辆先偏离车道，在车辆偏离车道期间驾驶员开启转向信号时，系统会取消警报。车辆偏离车道完成并线后，系统又将重新进入工作状态。

（2）当驾驶员操作刮水器开关使刮水器高速工作时，LDWS 系统不执行车道偏离警报。

（3）当测量的弯道半径在 250 m 以下时，LDWS 系统通过车道的扫描和横摆率的数据变化识别计算弯道的半径，当弯道的半径小于 250 m 时，LDWS 系统将取消车道偏离警报（LDWS 系统能识别的弯道半径应大于 250 m）。

（4）车道线不能识别。LDWS 系统能识别的车道线为白色、黄色和蓝色，当车道边界线的颜色不符或是模糊不清时，LDWS 系统取消车道偏离警报。

6. 车道保持辅助系统的使用注意事项

LDWS 系统在下列环境下，不能够发挥正常的作用：无车道边界线，或是车道边界线变淡；风窗玻璃太脏导致摄像头不能正常扫描；由于天气恶劣导致的能见度太低；连续的急转弯路；人行横道和其他的非车道边界线的划线；灯光弱或外部照明状态突然发生变化（对面车辆会车时）。

7. 车道保持辅助系统的故障检测

（1）控制单元的检查。

安装故障诊断与读取故障码或数据流，在进行故障自诊断时，如果读取到故障码，则应进行故障码诊断，以进一步确定故障部位；如果没有读取到故障码，则可按照故障征兆进行故障诊断。如果无通信，则检查车道保持辅助系统有关控制单元电路的工作情况。

（2）相关控制单元电路的检查。

①检查相关控制单元电路搭电源和铁线是否正常。

②检查 CAN 通信线束波形是否正常。

(3) 部件的检查。

检查车道保持辅助系统的线束及插接器是否完好、部件是否丢失或破损等。直观检查后一般应再次进行故障自诊断，其内容包括车道保持辅助系统状态指示的检查、读取故障码、输入信号检查和取消信号检查等。

(4) 更换零部件。

(5) 更换零部件后必须根据所学内容做标定处理。

四、知识考核

(一) 填空题

(1) 车道偏离报警系统（LDWS）系统是指＿＿＿＿＿＿＿＿＿＿＿＿＿＿＿＿＿。

(2) 车道偏离报警系统（LDWS）系统的基本组成包括＿＿＿＿、＿＿＿＿、＿＿＿＿、＿＿＿＿和＿＿＿＿。

(二) 判断题

(1) 车道保持辅助系统和车道偏离报警系统是没有任何联系的。　　（　　）

(2) 车道保持辅助系统和车道偏离报警系统在任何车速下都能起作用。（　　）

(3) 车道偏离报警系统能有效提高汽车驾驶安全性。　　　　　　　（　　）

(三) 简答题

(1) 简述汽车车道保持辅助系统和车道偏离报警系统的异同点。

(2) 简述车道偏离报警系统（LDWS）的工作原理。

(3) 简述在什么情况下车道偏离报警系统（LDWS）不起作用。

五、评价及总结

(一) 自我评价

结合自己的学习过程及学习效果，对自己学习主动性和效果进行自评，评价等级为优、良、合格和不合格，针对出现的失误进行反思，完善改进方向及改进措施。

评价维度		评价标准	评级
学习主动性	课前	课前预习，完成老师布置的课前任务	
	课中	积极思考，参与课堂互动，辅助老师完成教学演示或模拟练习	
	课后	及时总结，完成课后练习任务，及时向老师反馈学习建议	

续表

评价维度	评价标准	评级
学习效果	1. 认识汽车 LDWS 系统的控制开关	
	2. 了解汽车 LDWS 系统的组成部分	
	3. 掌握汽车 LDWS 系统的工作原理	
任务实施出现的失误		
改进的方向及措施		

(二) 学生互评

通过提问、观察同学的演示以及上课的情况，对同学这次学习任务的效果开展评价，评价等级为优、良、合格和不合格，指出任务实施过程出现的失误，给出改进建议。

小组成员姓名：＿＿＿＿＿＿＿＿＿＿＿＿＿＿＿＿＿＿＿

评价维度	评价标准	评级
学习效果	1. 认识汽车 LDWS 系统的控制开关	
	2. 了解汽车 LDWS 系统的组成部分	
	3. 掌握汽车 LDWS 系统的工作原理	
任务实施出现的失误		
建议		

任务三 自动泊车辅助系统

一、任务描述

李女士是一位新手驾驶员,对于新手驾驶员来说把车停进车位确实是项"技术活"。在人口密集城区新手驾驶员的最大困扰就是停车问题,怎么才可以解决这些问题呢?自动泊车技术可以将汽车停放在较小的空间内,这些空间比大多数驾驶员能自己停车的空间小得多,这就使得车主能更容易地找到停车位,同时相同数量的汽车占用的空间也更小。让我们来了解自动泊车辅助系统(Automated Parking Assist,APA)。

二、任务目标

实施步骤	素质目标	知识目标	技能目标
1. 了解汽车自动泊车辅助系统的定义和组成	1. 培养学生树立规范意识、安全意识。 2. 培养学生求真务实、科学严谨的工作作风	掌握汽车 APA 控制系统的定义和作用	1. 能在整车上认识汽车 APA 控制系统的控制开关; 2. 能在整车上指出汽车 APA 控制系统各组成部件的结构及其作用; 3. 能说出汽车 APA 控制系统的工作原理
2. 认识汽车自动泊车辅助系统的组成部分		掌握汽车 APA 控制系统各组成部件的结构及其作用	
3. 掌握汽车自动泊车辅助系统的工作原理		掌握汽车 APA 控制系统的工作原理	

三、实施步骤

(一)认知自动泊车系统

技能实践

(1)查询相关学习资料,找出配置有自动泊车辅助系统功能的不同系列车型,并了解其作用,完成表 5-3-1 所示的工作任务。

表 5-3-1　工作任务（一）

系列	车型及作用
1 国产车	
2 德系车	
3 日系车	

（2）根据自动泊车辅助系统功能检查方法检查表 5-3-2 所示的工作任务。

表 5-3-2　工作任务（二）

序号	项目	检查内容	操作记录		注意事项
1	起动车辆	车辆是否能够起动	正常□		
			不正常□		
2	按键开关	查找 APA 相关按键	开关位置	转向盘□	
				中控台□	
				中控屏□	
		APA 相关按键是否正常	物理按键	按键清晰□	
				不正常□	
			触摸按键	灵敏□	
				精准□	
3	功能检查	进行泊车模式选择	平行车位□		1. 手指保持无水渍，以免影响触摸效果。 2. 卡滞后关闭点火开关，等待 3 min 后重新起动车辆
			向后倒入垂直车位□		
			向前倒入垂直车位□		
			无泊车模式选项□		
		从车位旁驶过，系统能否自动识别车位	正常□		
			不正常□		
		是否能够提示系好安全带	提示□		
			无提示□		
		是否提示挂入相应挡位	提示□		
			无提示□		
		松开转向盘，系统接管转向操作	是□		
			否□		
		踩下制动踏板，是否终止自动泊车	是□		
			否□		
		松开制动踏板，是否恢复自动泊车	是□		
			否□		
		是否规范停车	是□		
			否□		
4	关闭车辆	车辆能否正常关闭	正常□		
			不正常□		

知识学习

汽车自动泊车辅助系统

1. 汽车自动泊车辅助系统的定义

自动泊车辅助系统（Automated Parking Assist，APA）是利用车载传感器探测有效泊车空间并辅助控制车辆完成泊车操作的一种汽车先进驾驶辅助系统。智能泊车辅助系统是指在泊车过程中，系统能够利用车载传感器自动检测附近可用停车位，计算泊车轨迹，控制转向系统、制动系统、驱动系统、变速系统完成泊车入位，并能够向驾驶员发出系统故障状态、危险预警等信息，如图5-3-1所示。

图5-3-1 汽车自动泊车辅助系统

2. 汽车自动泊车辅助系统的结构组成

自动泊车辅助系统主要由信息检测单元、电子控制单元和执行单元等组成，如图5-3-2所示。

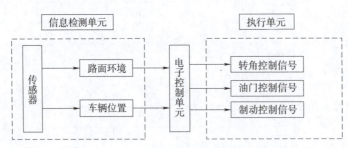

图5-3-2 汽车自动泊车系统的基本组成

（1）信息检测单元。

感知环境信息和汽车自身运动状态信息。

信息检测单元是自动泊车的眼睛，它能通过超声波雷达和摄像头，识别周边的路面环境以及其他车辆的位置，从而将采集到的图像数据及周围物体离车身的距离信息传递给电子控制单元。

（2）电子控制单元（ECU）。

对感知单元传输的信息进行分析判断。

电子控制单元则是自动泊车的系统核心，它能将信息检测单元上传的数据进行处理和分析，探知汽车当前的位置、目标的位置以及周边的环境，然后依据这些参数规划好路径，并将指令输出到执行单元。

（3）执行单元。

接收中央控制器发出的指令并执行。

执行单元接收到电子控制单元的指令，精准控制转向盘的转动、加速和制动，让汽车能按照规划好的路径运动，并随时准备接收中断时的紧急停车。

3. 汽车自动泊车系统的工作原理

车载传感器扫描汽车周围环境，通过对环境区域的分析和建模，搜索有效泊车位，当确定目标车位后，系统提示驾驶员停车并自动启动自动泊车程序，根据所获取的车位大小、位置信息，由程序计算泊车路径，然后自动操纵汽车泊车入位，其工作原理如图5-3-3所示。自动泊车辅助系统的运行过程主要包括4个基本环节：激活系统、搜索车位、路径规划和路径跟踪。

自动泊车辅助系统

图5-3-3　汽车自动泊车辅助工作原理

4. 汽车自动泊车辅助系统应用实例

大众CC配备了汽车自动泊车辅助系统，这种系统在倒车入位时可为驾驶员提供帮助。该车自动泊车系统组成如图5-3-4所示，主要由泊车辅助系统按钮、后部泊车传感器、右边前泊车辅助转向传感器、轮速传感器、右前泊车辅助转向传感器、电动助力转向、左前泊车辅助转向传感器、ESP控制单元、自动泊车辅助控制单元、泊车辅助蜂鸣器和转向开关等组成。

使用泊车辅助系统倒车入位主要分成4个阶段：

（1）阶段1：激活泊车转向辅助系统。

每次开始停车前，都必须重新激活泊车转向辅助系统，只有当车速低于30 km/h时，泊车转向辅助系统才能被激活。

（2）阶段2：寻找合适停车位。

泊车转向辅助系统寻找道路左右两侧的空车位，驾驶员信息系统显示已经找到了一个足够大的空车位。

（3）阶段3：驾驶员辅助操作。

借助泊车转向辅助系统（APA）泊车，汽车停止并挂上倒车挡后，开始停车过程，

APA 把汽车转向空车位，驾驶员必须负责制动和踩加速踏板。

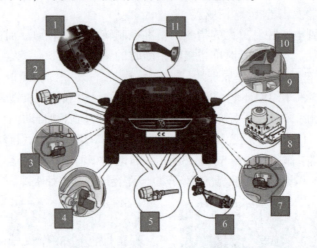

图 5-3-4　大众 CC 自动泊车辅助系统组成

1—泊车辅助系统按钮；2—后部泊车传感器；3，5—右前泊车辅助转向传感器；4—轮速传感器；
6—电动助力转向；7—左前泊车辅助转向传感器；8—ESP 控制单元；9—自动泊车辅助控制单元；
10—泊车辅助蜂鸣器；11—转向开关

（4）阶段 4：泊车辅助转向过程完成。

停车完成后，APA 通过驾驶员信息系统显示出来，关闭泊车转向辅助功能并关闭停车辅助按键上的警报灯。

满足以下条件之一，汽车泊车辅助系统关闭：

①向后倒车时，驾驶员车速超过 7 km/h 以上。

②停车过程中，驾驶员作用在转向盘上的转向力矩大于 5 N·m。

③在停车过程中，倒车挡被挂出。

④在停车过程中，ESP 被关闭。

⑤在停车过程中，ESP 被介入。

（二）检测自动泊车辅助系统

技能实践

查询相关用户手册资料，找出学校中配备自动泊车辅助系统车辆开启自动泊车辅助系统的步骤，见表 5-3-3。

表 5-3-3　车辆开启自动泊车辅助系统的步骤

序号	操作项目步骤
1	
2	
3	
4	

续表

序号	操作项目步骤
5	
6	
7	
8	

知识学习

1. 自动泊车辅助系统的使用注意事项

(1) ESP 处于打开状态，且无故障报警。

(2) 车辆起动后，首次前进车速要求≥10 km/h，按下开关才能激活系统。

(3) 泊车过程中车速小于 7 km/h。

(4) 自动泊车辅助系统不能自动制动，听见连续报警声应立即制动。

2. 检测自动泊车辅助系统

1) 自动泊车辅助系统的常见故障

(1) 自动泊车功能失效。

(2) 倒车时故障灯常亮。

(3) 传感器故障。

(4) 未激活。

(5) 倒车雷达系统故障。

(6) 倒车影像系统故障。

2) 自动泊车辅助系统的检修

(1) 重新启动，再次激活系统。

(2) 读取倒车雷达系统故障码。

(3) 相关控制单元电路的检查。

(4) 部件的检查。

(5) 更换零部件后必须根据所学内容做标定处理。

四、知识考核

（一）填空题

(1) 汽车 APA 系统是指_____。

(2) 汽车 APA 系统的基本组成主要包括_____、_____、_____和_____。

(3) 汽车自动泊车系统主要运用的雷达传感器有_____、_____、_____。

（二）判断题

(1) 自动泊车辅助系统（Automated Parking Assist，APA）是利用车载传感器探测有效泊车空间并辅助控制车辆完成泊车操作的一种汽车先进驾驶辅助系统。（　　）

(2) 电子控制单元（ECU）的作用是对感知单元传输的信息进行分析和判断。
（　　）

(3) 自动泊车辅助系统主要由信息检测单元和电子控制单元组成。（　　）

（三）简答题

(1) 简述汽车自动泊车辅助系统（APA）的作用。
(2) 简述汽车自动泊车辅助系统（APA）的工作原理。

五、评价及总结

（一）自我评价

结合自己的学习过程及学习效果，对自己学习主动性和效果进行自评，评价等级为优、良、合格和不合格，针对出现的失误进行反思，完善改进方向及改进措施。

评价维度		评价标准	评级
学习主动性	课前	课前预习，完成老师布置的课前任务	
	课中	积极思考，参与课堂互动，辅助老师完成教学演示或模拟练习	
	课后	及时总结，完成课后练习任务，及时向老师反馈学习建议	
学习效果		1. 认识汽车 APA 系统的控制开关	
		2. 掌握汽车 APA 系统的组成部分	
		3. 理解汽车 APA 系统的工作原理	
任务实施出现的失误			
改进的方向及措施			

（二）学生互评

通过提问、观察同学的演示以及上课的情况，对同学本次学习任务的效果开展评价，评价等级为优、良、合格和不合格，指出任务实施过程出现的失误，给出改进建议。

小组成员姓名：_____

评价维度	评价标准	评级
学习效果	1. 认识汽车 APA 系统的控制开关	
	2. 掌握汽车 APA 系统的组成部分	
	3. 理解汽车 APA 系统的工作原理	
任务实施出现的失误		
建议		

任务四　驾驶员疲劳预警系统

一、任务描述

李女士准备买一辆新汽车跑高速,她非常担心在高速行车过程中打瞌睡,导购员推荐了一款带有驾驶员疲劳预警系统的车辆给她。什么是驾驶员疲劳预警系统,让我们来了解驾驶员疲劳预警系统。

二、任务目标

实施步骤	素质目标	知识目标	技能目标
1. 认识驾驶员疲劳预警系统的组成部分	1. 培养学生树立规范意识、安全意识; 2. 培养学生求真务实、科学严谨的工作作风; 3. 培养学生信息安全意识	1. 掌握驾驶员疲劳预警系统各组成部件的结构及其作用; 2. 掌握驾驶员疲劳预警系统的工作原理	1. 能在整车上指出驾驶员疲劳预警系统各组成部件的结构及其作用; 2. 能说出驾驶员疲劳预警系统的工作原理
2. 使用疲劳驾驶预警系统		1. 掌握驾驶员疲劳预警系统的使用条件; 2. 掌握开启或关闭驾驶员疲劳驾驶预警系统的方法; 3. 掌握开启或关闭人脸识别起动系统的方法	1. 能判断驾驶环境能否启用驾驶员疲劳预警系统; 2. 能开启或关闭疲劳驾驶预警系统; 3. 能开启或关闭人脸识别起动系统

三、实施步骤

(一) 认知疲劳驾驶预警系统

技能实践

(1) 查询相关学习资料,找出配置有驾驶员疲劳预警系统的不同系列车型,并了解其作用,完成表 5-4-1 所示的工作任务。

表 5-4-1 工作任务（一）

系列	驾驶员疲劳预警系统功能
1 国产车	
2 德系车	
3 日系车	

（2）根据驾驶员疲劳预警系统功能检查方法进行检查，完成表 5-4-2 所示的工作任务。

表 5-4-2 工作任务（二）

序号	项目	检查内容	操作记录		注意事项
1	起动车辆	车辆是否能够起动		正常□	
				不正常□	
			中控台□		
			中控屏□		
		疲劳预警系统功能相关选择按键是否正常	物理按键	按键清晰□	1. 手指保持无水渍，以免影响触摸效果。
				不正常□	2. 卡滞后关闭点火开关，等待 3 min 后重新起动车辆
2	功能检查	开启疲劳驾驶预警系统		正常□	
				不正常□	
		关闭疲劳驾驶预警系统		正常□	
				不正常□	
		开启人脸识别启动系统		正常□	
				不正常□	
		关闭人脸识别启动系统		正常□	
				不正常□	
3	关闭车辆	车辆能否正常关闭		正常□	
				不正常□	

知识学习

驾驶员疲劳驾驶预警系统。

1. 驾驶员的定义

疲劳驾驶预警系统（Driver Fatigue Monitor System）是一种基于驾驶员生理反应特征的驾驶人疲劳监测预警产品。车内驾驶员疲劳监测技术，本质上是在行驶过程中捕捉并分析驾驶员的生物行为信息，比如眼睛、脸部、心脏、脑电活动等的技术。然而心跳活动和脑电监测由于受接触的限制，没有在车内批量应用。当前最多被采用的疲劳检测手段有以下 4 种：

（1）挂耳朵式疲劳预警器，功能非常简单，通过检测，发现驾驶员低头系统就会报警。

（2）手表式和眼镜式，手表式利用脉搏的跳动来估测人是否疲劳。

（3）转向盘触摸式，利用在转向盘上安装的一些传感器来感知驾驶员是否握住转向盘，监测的关键变量是转向角或转向角速度，通过压力变化来判断驾驶员疲劳驾驶。

（4）图像识别式，利用图像传感器捕捉驾驶员面部，通过面部特征的识别，判断驾驶员疲劳程度，如图5－4－1所示。

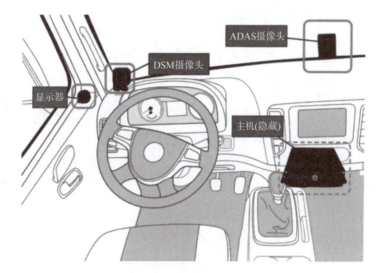

图5－4－1　疲劳驾驶预警系统

2. 汽车疲劳驾驶预警系统的结构组成

图像分析手段主要由图形采集系统、电子控制单元和报警提示装置等组成，如图5－4－2所示。

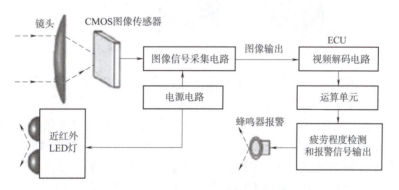

图5－4－2　汽车疲劳驾驶预警系统的基本组成

（1）信息检测单元。

信息检测单元是疲劳驾驶预警系统的眼睛，它能通过传感器记录转向盘的使用情况、加速和制动踏板的动作、转向信号灯等数据和视觉传感器对人的眼睑眼球的几何特征和动作特征、眼睛的凝视角度及其动态变化、头部位置和方向的变化等进行实时检测和测量，识别驾驶员的疲劳程度，从而将采集到的信息数据传递给电子控制单元。

（2）电子控制单元（ECU）。

电子控制单元则是疲劳驾驶预警系统，它能将信息检测单元上传的数据进行处理和分析，对比驾驶人眼部、头部特征与疲劳状态的关系模型，从而稳定可靠地判断驾驶员的疲劳监测状态。

（3）执行单元。

执行单元接收到电子控制单元的指令，就会发出报警声音及转向盘振动，提醒驾驶员处于疲劳状态，降低疲劳驾驶的危险性。

3. 汽车疲劳驾驶预警系统工作原理

（1）驾驶员疲劳检测的原理，主要是基于驾驶员自身特征，包括生理指标和生理反应的检测、车辆行驶状态的检测方法以及多特征信息融合的检测方法等，通过车载红外成像摄像头，在系统开启且有效时速工况 >60 km/h 的前提下，对驾驶人员行车状态进行识别。通过人脸识别摄像头或其他监控系统判断驾驶人是否处于疲劳驾驶状态或分神（如打电话、打呵欠、低头等），系统会通过仪表以图像、声音组合及方向盘振动

驾驶员疲劳预警系统的工作原理

等方式进行警示，以保持驾驶人清醒。图 5-4-3 所示为汽车疲劳驾驶预警系统工作原理。

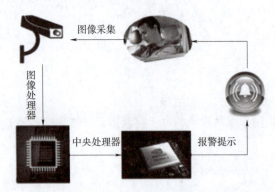

图 5-4-3　汽车疲劳驾驶预警系统工作原理

（2）转向盘触摸式疲劳驾驶预警系统工作时监测的关键变量是转向角或转向角速度。如果驾驶员精力集中，则在驾驶过程中可以观察到连续的轻微逆转向动作。如果一段时间内没有逆转向动作，然后突然检测到很明显的逆转向动作，则说明驾驶员的注意力正在下降。这种行为越频繁，指标值越大，也将越快地发出休息提醒建议，系统将通过仪表以图像、声音组合及转向盘振动等方式进行警示，以保持驾驶人清醒。图 5-4-4 所示为转向盘触摸式驾驶员疲劳驾驶预警系统工作原理。

4. 驾驶员疲劳驾驶预警系统应用实例

零跑 T03 驾驶员疲劳驾驶预警系统采用了图像识别式驾驶员疲劳驾驶预警系统，它通过设置在驾驶员侧 A 柱上的摄像头监控驾驶员的疲劳程度。监测摄像头如图 5-4-5 所示。汽车的疲劳驾驶预警系统与人脸识别启动系统提供了开启和关闭功能。

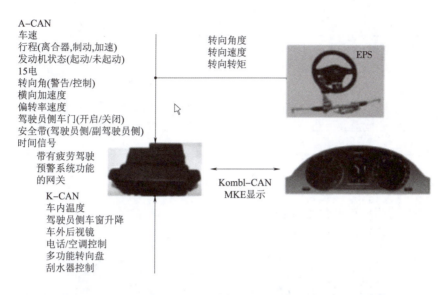

图 5-4-4 转向盘触摸式驾驶员疲劳驾驶预警系统工作原理

图 5-4-5 零跑 T03 监测摄像头

（二）测试疲劳驾驶预警系统

技能测试

查询相关用户手册资料，找出学校中配备驾驶员疲劳驾驶预警系统车辆开启驾驶员疲劳驾驶预警系统的步骤，见表 5-4-3。

表 5-4-3 车辆开启驾驶员疲劳驾驶预警系统的步骤

序号	操作项目步骤
1	
2	
3	
4	

续表

序号	操作项目步骤
5	
6	
7	
8	

知识学习

1. 驾驶员疲劳识别系统激活的条件

(1) 车速大于 65 km/h 小于 200 km/h。

(2) 车辆持续行程时间大于 15 min。

(3) 在非多弯道路段行驶。

(4) 行驶路面不在劣质公路上时。

(5) 使用天气良好。

(6) 车辆处于非运动风格驾驶状态。

2. 开启或关闭驾驶员疲劳驾驶预警系统

进入车机系统：车辆控制→辅助驾驶→疲劳驾驶（选择开启/关闭）。

开启或关闭人脸识别起动系统。进入车机系统：车辆控制→身份认证→人脸识别起动车辆（选择开启/关闭）。

注意事项：关闭摄像头后停止采集数据，处于通电待机状态。

3. 疲劳驾驶预警系统的使用注意事项

(1) 关闭点火开关会关闭系统。

(2) 驾驶员解开安全带及打开驾驶员侧车门会关闭系统。

(3) 车辆原地停留时间超过 15 min 会关闭系统。

(4) 车辆长时间低速行驶（车速低于 60 km/h）时，驾驶员疲劳驾驶警示系统自动复位。如提高车速，车速高于上述车速时，系统会重新评估驾驶员的驾驶状况。

四、学习测试

（一）填空题

(1) 汽车疲劳驾驶预警系统是指＿＿＿＿＿＿＿＿＿＿＿＿＿＿＿＿＿＿＿＿＿＿。

(2) 汽车疲劳驾驶预警系统的基本组成主要包括＿＿＿＿、＿＿＿＿和＿＿＿＿。

（二）判断题

(1) 汽车疲劳驾驶预警系统在汽车高速行驶过程才起作用。　　　　（　　）

(2) 汽车疲劳驾驶预警系统中人脸识别系统不能关闭，所以不能保护个人隐私。

（　　）

（三）问答题

（1）简述汽车疲劳驾驶预警系统的作用。
（2）简述汽车疲劳驾驶预警系统的工作原理。

五、评价及总结

（一）自我评价

结合自己的学习过程及学习效果，对自己学习的主动性和效果进行自评，评价等级为优、良、合格和不合格，针对出现的失误进行反思，完善改进方向及改进措施。

评价维度		评价标准	评级
学习主动性	课前	课前预习，完成老师布置课前任务	
	课中	积极思考，参与课堂互动，辅助老师完成教学演示或模拟练习	
	课后	及时总结，完成课后练习任务，及时向老师反馈学习建议	
学习效果		1. 了解汽车疲劳驾驶预警系统的组成部分	
		2. 掌握汽车疲劳驾驶预警系统的工作原理	
任务实施出现的失误			
改进的方向及措施			

（二）学生互评

通过提问、观察同学的演示以及上课的情况，对同学本次学习任务的效果开展评价，评价等级为优、良、合格和不合格，指出任务实施过程出现的失误，给出改进建议。

小组成员姓名：_____

评价维度	评价标准	评级
学习效果	1. 了解汽车疲劳驾驶预警系统的组成部分	
	2. 掌握汽车疲劳驾驶预警系统的工作原理	
任务实施出现的失误		
建议		